インディペンデント
INDEPENDENT CONTRACTOR
コントラクター

秋山 進+山田 久

社員でも
起業でもない
「第3の働き方」

日本経済新聞社

はじめに

『インディペンデント・コントラクター（ＩＣ）』とは、高い専門性を武器に独立し、複数の企業と契約を結ぶビジネスプロフェッショナルのことです。権力志向というよりも仕事志向で、自分の腕一本で世の中を渡ってみたいという方には大変魅力的な働き方の一つだと言えるでしょう。

私が『インディペンデント・コントラクター』とはじめて名乗ったのは、一九九八年三月のことでした。そこは有名大企業の戦略スタッフが集まる会合で、会社のブレーンとして活躍されている取締役や経営企画室長、それに経営雑誌の記者といった方たちが参加されていました。これまでもこの会合で活動してきた私は、自分が選択した新しい働き方にどのようなおもしろさがあるのか、どんな夢があるのか、について、いつもと同じようにフランクに話し始めました。しかし予期せぬことに、場の関心はゼロを通り越して白々しい空気となり、老練な司会者の手によって私の発言権は奪われてしまいました。エリート意識の高い集団のなかにあっては、大企業を辞めた瞬間から、私は既に「場違いの存在」になっていたわけです。

それから約六年たった二〇〇四年の一月二十三日。同じくインディペンデント・コントラクターとして活躍している知人と始めたNPO（インディペンデント・コントラクター協会）のことが新聞に大きく掲載されました。当日の朝、別の仕事があり出かけていたところ、事務所から携帯に電話がありました。「とんでもないことになっている。早く応援に来て欲しい」。一本しかない電話が朝から鳴りっぱなしの状態でした。受話器を置いたその瞬間に別の電話が鳴るのです。受話器の向こうには、大企業の役員経験者の方もおられましたし、若きエリート社員もいました。朝八時三十分くらいから鳴り始めた電話は次の日になっても鳴りやまず、インディペンデント・コントラクターに対する社会の大きな関心を知ることになりました。

このわずかの期間に何かが変わったのでしょうか？

私にもわかりません。ただ事実として言えることは、六年前の会合に参加しておられた企業のいくつかはすでになくなってしまったということです。外資の傘下になったものもありますし、より大きな企業に吸収されたところもあります。かつては絶対と思われていた大企業の消滅を目の当たりにしたことによって、日本人の仕事観、組織観が何かしら変化したとしてもおかしくはありません。また、もう一つの事実は、インターネット接続がブロードバンド化し、わざわざオフィスに行かなくても、自宅や個人オフィスで十分仕事ができる環境が整ったことです。もちろん顔をつき合わせなければできない話もありますが、その際には出社して会議に参加すれば事足ります。テクノロジーの変化によって、新たな仕事の方法論への期待が生まれたとしても不思議なことではありません。

本書は、インディペンデント・コントラクターとは何かから、その社会的インパクト、さらには、実際のビジネスとしてのおもしろさや苦悩、ICを目指す方に最低限知っておいていただきたい知識を、実体験をもとにまとめたものです。執筆にあたっては、自らICとして活動し、またNPOの理事長として多くのICを知る立場にある秋山進が、身のまわりにあるミクロな情報を提示し、㈱日本総合研究所の研究員で近年における労働経済の変化をウォッチしてきた山田久が、社会や経済といったマクロな視点からそれを解釈するという方法をとっています。それにより、このICという新しい働き方・ビジネスのあり方を、当事者の視点と第三者の視点のいわば内側と外側の両面から捉えることで、その実像を浮き彫りにすることを目指しています。

インディペンデント・コントラクターを取り巻く環境変化はすさまじく、この企画が始まった二〇〇三年末と現在ではすでに随分異なる状況になってきています。本書は、過渡期にある日本社会の一側面を描くスナップ写真のようなものかもしれませんが、この現実を多方面の方に知っていただくことで、個人の選択肢の広がりや、新しい社会構想が構築されるきっかけになるのではないかと考えております。

最後になりましたが、今回の企画の構想から実現までのすべてを統括していただいた日本経済新聞社出版局の網野一憲さんに、心からの御礼を申し上げます。

二〇〇四年九月

著者を代表して　秋山進

インディペンデント・コントラクター／目　次

第2章　インディペンデント・コントラクターは誰でもなれる？　67

目次

第3章　働き方は自分で決めたい　149

コラム

装丁／恵比寿ロコ・モーリス組
カバー・扉イラスト／中林康弘

プロローグ　「会社で働くこと」が幸せでしょうか？

◇「一つの会社で最後まで」の時代は終わった

秋山　山田さんと僕は大学で同級生だったわけですが、考えてみると、二人ともいま、最初に入った会社とは違うところにいるわけですね。関係があるとは言っても、山田さんは銀行ではなくてシンクタンクのエコノミスト。

山田　秋山さんも、リクルートからいろいろあって、いまはインディペンデント・コントラクター（ＩＣ）。

秋山　僕らが就職をしたのは一九八七年ですよね。まさか、自分がその後こんな働き方をするなんて、正直なところ夢にも思いませんでした。山田さんのところだって、メガバンクが三つになっちゃった。

山田　当時は、円高不況が終わった年で、バブルのはじめの年でしたね。製造業はそんなによくなくて、人気の就職先と言えば金融系が多かった。ほとんど金融に行ったのではないかと思います。私もそういう意味では典型的だったかもしれません。決して金融を目指したわけではなかったのですが。

秋山　関西ということもあって、住友銀行と三和銀行が最もポピュラーだったのですよね。

山田　まあ三菱に行った人もいますし、銀行はいろいろなところに行きましたよ。いまはなき長信銀にいった人もいる。メーカーはそんなになかったですよね。

秋山　そうですね。ものづくりが好きといったことがないとメーカーはなかなか選択肢に入らなかった。人気があったのは銀行、商社、別な意味からマスコミとか。そもそも、就職に対してそんなにまじめに考えてなかったでしょう。

山田　また、当時、私たちの周囲も就職活動なんて知ったこっちゃないという感じで、先輩がリクルーターやってるから来いとか。いまのように、こちらから動くことは少なかった。

秋山　僕は体育会でしたから、「先輩たちが来いと言ってくれた会社のなかから選ぶものだ」と思ってました。いまになってみると、もう少しちゃんと考えたほうがよかったと思いますよ。

山田　だいたいみんな働きたくなかったのですよ。私もそうで、働きたくないから、学者になれたらいいなと思っていました。それも積極的にではなく、ともかく金儲けはいや、金儲けのような汚いことはしたくないという発想です。

秋山　僕も大学に入ったときは学者になりたいと思っていたのですが、最初に行われた新入生向けのオリエンテーションのとき、誰かが「学者になるには金持ちじゃないと無理だ」と言ったのですね。というのも、当時は、いまのように比較的若いうちに助教授になるような人は稀で、三十代後半ぐらいまでは助手、ですからとても食えない。自分が優秀かはともかく、大学院を出て博士過程までいって、アメリカ留学かなんかして帰ってきて、どこかの助手になって。そうして三十歳代後半まで親にお金を出させ続けるのはあきらかに無理だと思ったのです。それで、何もやることが思いつかず、毎日ハンドボールしてました（笑）。

山田　就職した当時、自分はその会社にずっといるものだという職業感でしたか。

秋山　当時、リクルートという会社は、そんなに長くい続ける雰囲気がない会社だったのです。ただ、すぐに独立して何かするというほど腹が座っていたわけでもないので、とにかく一生懸命やろうという感じで仕事を始めました。

山田　リクルートというのはおそらく、そのあたりが変わった会社だと思うのです。たとえば僕が入った銀行は、当時はそんな雰囲気はありません。最後までつとめ上げるのが基本です。普通はそうですよね。

秋山　僕たちの同級生は結構いまも、そのまま銀行や商社にいますよね。

◇それでも転職、独立は難しい

山田　私のゼミでいうと、十人いたうち学者になったのが二人。銀行、生保、信託の金融が五人。そのうち一人が辞めて小さな会社の役員をしています。私のように出向もありますし、合併で最初の会社名からは変わった人がほとんど。出世しているかと言うと、一人だけ既に支店長になった人がいます。それから、一人は電力会社。一人は鉄鋼会社。一人はいわゆる地方公務員。この鉄鋼会社に入った人は地方のテレビ局に転職しました。

秋山　珍しい転職ですね。最初に入った会社で幸せなら無理して辞めて転職する必要もないし、ＩＣになる必要はない。僕なんかゼミの人たちとの関係が薄いものだから、みんながいまどこで何をしているのかよく知らないのです。山田さんとはたまたま一緒の大学の同じ学部でしたが、学校で会ったことはほとんどないですよね。もっとも、僕はあまり学校に行ってませんでしたけど。

山田　体育の授業と語学は一緒でしたよね。

秋山　そういえば、ハンドボールの同期は五人ですが、四人は最初に入った会社にそのまいます。理系が多かったこともあって、メーカーが二人、それから商社、銀行、そして僕です。

山田　当時、同期の学生は二百人いたけど、ほかにＩＣになった人はいるのでしょうか。

秋山　たぶん、僕だけでしょう。

山田　そうですよね。そもそもＩＣって何なんだっていう感じですからね。ただ、辞めている人は結構いるように思うのですが。

秋山　あまりいないでしょう。一方で、リクルートという会社に大学の同期で入ったのはたしか十五人くらいいたと思いますが、いまはおそらく、ほとんど残っていないと思いますね。

山田　リクルートに十五人も入っていた。

秋山　圧倒的に理系が多かったですね。いまやリクルートはかなりの人気企業ですが、僕のときはとくに関西では全然人気はなかった。「なんじゃその会社」って言われました。東京ではマスコミ志望系の一部の人がリクルートに入るというのがあったようですが、東京と関西では全然違ったのです。もともと関西には「フロムエー」なんてありませんでしたし、リクルートという会社そのものが、圧倒的に首都圏志向でしたからね。

山田　それで、話を戻すとリクルートの同期はもうほとんど辞めてしまっているのですか。

秋山　正確には知りませんが、三分の二以上は辞めていると思います。

山田　残っている人はリクルートでのしていこうと思っているのか、もしくはほかに行けないのか。印象論ですが、リクルートという会社には、何年か経ったら外に出ていく、自分でやるというようなタイプの人が多いように思うのです。

秋山　よくはわからないのですが、リクルートにはたしかに独特の「風土」があったと思います。会社の中で出世してもあまり尊敬されないというか、出世とは別の「いい仕事ができる奴かどうか」という評価基準があったように思います。また、そういう人は、社内だけでなく外からも高く評価されているのです。ですから、いろいろな優秀な人、有名人が数年で辞めていきました。

山田　そういう人たちは、会社をつくるための修業期間として入ってるわけですか。

秋山　内心そう思っている人もいたかもしれませんね。会社としても、修業期間としてリクルートを使うことをむしろ奨励していたようにも思います。ＯＢの中に、ベンチャー企業のトップはたくさんいますから。

◇大企業で中途半端に出世することが幸せなのか

山田　そうさせたのは、リクルートの社風なのでしょうか。

秋山　それは大きいと思います。普通の会社は、優秀じゃない人が辞めていくことが多いと言われていますでしょう。ところがリクルートでは、「あの人すごいな」という人がどんどん出ていきます。そうなると、中で昇進していくことは大して価値のあることとは思えなくなってくるのです。

山田 そういえば、たしか四、五年前にお会いしたとき、秋山さんは「辞めるのがこんなに遅くなっちゃった」って言ってました。そこが私たちの感覚とは違っているわけですよ。

秋山 はい、辞めるのに十一年もかかってしまったという感じですね。

山田 そこですよ。私からすれば、まず辞めるという勇気がすごい。しかも、仮に辞めるのであれば、十一年というのはちょうどいい期間だと思うのですね。独立の準備をして、いろいろ人脈もつくって、だいたい三十歳代後半から四十歳くらいに始めるのが教科書的な理想形だと思うわけです。ところが、「遅くなった」と言われる。

秋山 僕らからすると、ある人は七年で辞めて会社をつくってちゃんとやっている。それに比べると僕は十一年。僕のほうが四年も出来が悪いという感じになる。

山田 そこがまさに「風土」なのですよね。

秋山 表現は悪いかもしれませんが、僕が銀行に入っていたら、やはりそこで立派に銀行の人になれていたと思います。最初に入ったところがかなり変わった会社だったから、こういう人生になってしまったという感じですけどね。

山田 仮に本当に銀行に入っていたとしたら。

秋山 きっといまごろ、どういうふうに吸収されようかななんて、楽しく合併計画をつくっていたかもしれません。企画部に入るのはたいへんだと聞きますが、そういう部署で、きっとそれなりに楽しんでやっていたと思いますよ。根は楽天的なものですから、それなりにエキサイティングな人生ではないかなと。

山田　やはりポジティブであることは大事ですよね。幸せを感じないときに、ポジティブに少しでもいいこと、楽しいことを見つけていけない人は、結局、新しい方向に自分を振り向けていくことはできない。

秋山　僕の場合、不幸せだと感じていた期間があまりないのです。リクルートにいたからと言う人もいますが、リクルートもそこまで特別にいい会社でもないと思いますしね。

個人的に、楽観的だからというふうに言えば、全部説明ができてしまうのですが、結局、自分にとっておもしろいことは「変化がある」ということなのですね。たとえば合併とか吸収とか、そういう事態に遭遇しますよね。そこでは、相手に偉そうにされたりしてその時には不幸せと思うのですが、必ずそこには変化があるわけです。その変化を少しでもポジティブにとらえて、どういうふうに対応するか、対応の仕方そのものを楽しむというふうにすることができれば、結構楽しいビジネスマン生活がおくれるのではないかと思うのですね。まあ、そんなことを言っても、もし自分の銀行が買収されて相手の会社の人にずかずかと入って来られて、いばりちらされたりしたら、やっぱり辞めるかもしれませんが。

山田　そこで辞めると言えるからＩＣになれるのですよ。がまんしなければという人はＩＣにならない。多分、自分なりに仕事を楽しんでいこうとか、あるいはどこに行ってもやっていける力や人脈をつくろうということは、誰もが考えると思うのです。どういう立場の人でも。ただ、では本当に、秋山さんのように独立するとか、あるいは転職も含めて出られるかというところが違うのですよね。リクルートにはそういう雰囲気があるでしょう。

秋山　雰囲気はあったでしょうね。

山田　結構そういう先輩がいると出やすいのかもしれません。それと会社自体の雰囲気もあるんですよ。やっぱり会社にずっといることがいいんだという価値観をすり込まれていると、なかなか出づらいのかもしれません。ただ、最近は大企業の中で課長になり、部長になりということがすべてではないよ、と思えるような雰囲気は出てきましたけど。

秋山　外に出て活躍している先輩や仲間がたくさんいると、いざというときにみんな助けてくれる。それも大きいです。

山田　いま金融業界は大変な状況ですから、否応なしに会社がつぶれてしまうケースもあったわけです。私の知り合いにも三人ほどそういう経験をしていますが、彼らは一様に「ほかに移るのは意外に簡単だった」と言うのです。銀行員の場合は特に辞めることに対してものすごくネガティブなのですが、でも実際は……

秋山　やったらどうにかなるのですよね。

山田　ですから、もともとの業界的に持っている心理的な壁が低いところはもっとやりやすいのではないかと思います。

秋山　こういう言い方をしますとなかなか信じてもらえないのですが、僕らにとっては本当に、会社からの「卒業」という感じなのです。だから十一年もかかりましたとなってしまうのです。僕はあまり出来がよくなかったから、卒業に十一年もかかっちゃいましたと。

山田　なるほどね。では、秋山さんがいまのような立場になるまでにどんな道を歩まれたか、まず、これから話してもらうことにしましょう。

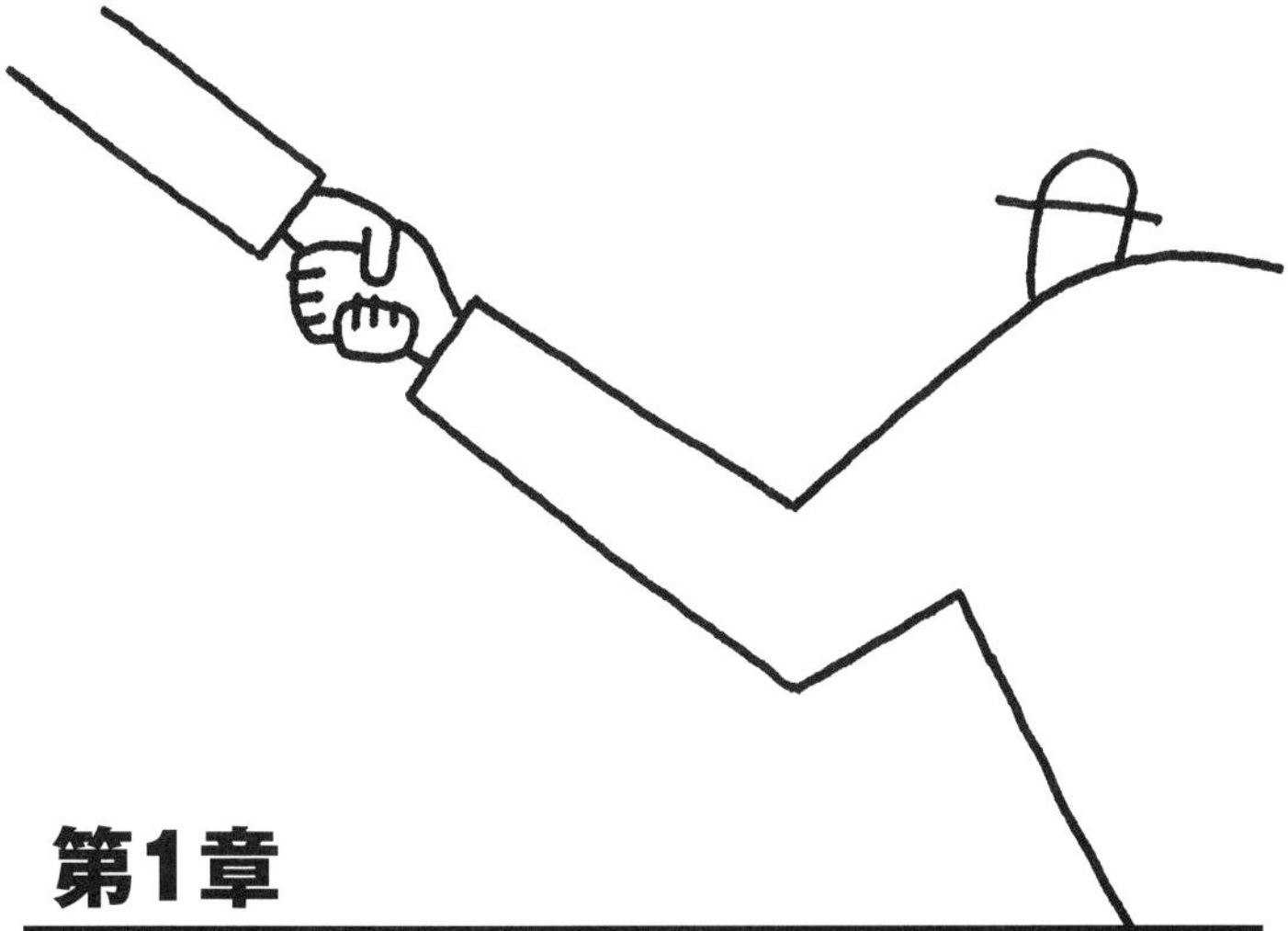

第1章
起業か？　転職か？

1　生き方を決めたリクルート

◇この会社ならおもしろいかもしれない

一九八七年にリクルートに入りました。

当時、就職にあたって特に何かをしたいとか、どういう会社に行きたいとか、はっきりしたものがあったわけではなく、言ってみれば「普通の学生」だったと思います。就職活動にしても、周囲の学生と同じく、入社二～三年目のＯＢがリクルーターとしてやってきて、そこで会社の説明を聞きながら、面接のような形になって就職が決まっていく、よくあるパターンでした。

ただ、そういう場でされるリクルーターの話が決まって「わが社は何をやっている」とか「わが社の雰囲気はこうだよ」といった内容だったのに対して、リクルートの方だけはちょっと違っていました。リクルートからは、その後、セガのＣＯＯになった香山哲さんが来られたのですが、彼は「自分は何をしたくてリクルートにいて、リクルートという場を使ってこんなことをしている。そしてこれからこんなことをする」という話し方をされる。まだ何ができるのかもよくわかっていない学生の僕にとって、彼は輝いて見えました。し、「この会社ならおもしろいことができるのではないか」という気持ちが生まれ、リクルートを選んだのです。

最初に配属されたのは、社長室というところでした。いまリクルートの社長をしておられる柏木斉さんが経営企画課長で、その下で、江副浩正社長（当時）の社内向けスピーチ原稿の草稿を書くための資料集めなどをしました。リクルートという会社は、入社時の成績によって配属が決まるということはあまりなかったようです。僕の場合、たまたま内定者の入社前研修のときにお会いしたのが柏木さんだったこともあって、社長室に行くことになったのでしょう。

社長室にいたことで、江副社長の姿を間近に見ることができました。僕のような新入社員が直接、仕事のお話をするようなことはありませんでしたが、日常のなかで社長というものがどんなことを考え、どんなふうに意思決定をするのか、すぐそばで見ることができたことは、本当に幸運でした。残念ながら江副社長は、その翌年に「リクルート事件」によって辞めていかれるのですが、いま振り返っても、僕はたくさんのことを教えていただいたと思います。

間近に見た江副社長

新人の頃、江副社長のそばで仕事をさせていただきました。もちろん、ぺーぺーの新人ですから、「おい元気でやってるか」「はい」といった程度の会話しかありませんでしたが、江副さんからは間接的にいろいろなことを学びました。

まず、彼のスピーチ用原稿の資料を作成するために、過去のスピーチを録音したテープは全て聞きました。それによって、トップというものがどういうことを考えているものかを知ることができたのです。また、人間は一時に三つも四つも言われたら覚えられるものではないから、多くても二つ、できれば一つにテーマを絞り込んで話すことが重要なのだ、ということも教わりました。あるいは、この点はICになったあとに、仕事をさせていただいたセガの中山隼雄副会長もそうでしたが、経営者というものは、やるべきことの優先順位付け、プライオリティがはっきりしているということです。たとえば、「いい人材をもっととりたいから、営業の売上目標は少し下げてもいいから採用の手伝いをしろ」と言われたことがありました。普通であれば、どちらも重要ですから、どちらかを落としてもいいということにはならないでしょう。ところが、江副さんは「いまは採用のほうが大事だからそれでいい」と言われたのですね。

ちなみに、僕の知る範囲で江副さんが常に意識されていたのは「まず隗より始めよ」ということだったと思います。周りの人にいろいろ言う前にまず自分が実践せよ、ということです。それから、「走りながら考えよ」ということも常々口にされていました。

当時はこんなこともありました。リクルートでは通信事業もやっていたのですが、ある担当部長がアクセスポイントを国内のどこに置くかということで、分厚い資料を持って社長の前に来られたのです。そして、さまざまな細かいデータを示しながら説明を始めたとき、江副さんは一言、「君、地方銀行の預金高は調べたか？　それが高いところから順に優先順位付けをすればいいだろう」と言われたのです。その部長さんはいろいろなデータから、どの地域に経済力がどの程度あってという説明をされようとしていたのだと思いますが、社長からすれば「民力なんてものは地銀の預金高である程度わかるものだ」という判断が既にあったのです。間近に見ていて「すごいものだ」と思いました。ベンチャー企業のトップにはそれほど優れた調査スタッフが周囲にいるわけではありません。そういう状況で、常に短い時間の中で経営判断を求められるわけです。したがって詳細な情報がなくても、意思決定ができるように、自分なりの判断基準をしっかりもっておられるものなのです。

それから、他人を使うこと、他人に仕事をさせることが上手な方でもありました。「自分で何でもやらなければ気がすまない」というのではなく、たとえば、「こういうことをしたい」と社長に相談にくる人がいると、「それは、どこそこの誰某にやらせればいい」と即断してしまうのです。いまで言えば「選択と集中」「絞り込み」のようなもので、自分でやる必要のないことはやらない、自分の得意なことだけをやる、ということを徹底されていたと思います。

新人の僕は端から観察していただけなのですが、トップのそういう姿を間近にしたことは、いまの僕にとって大きな財産になっています。

◇ビジネスとは何かを経験する

その後、人事部門へ異動になり、採用を担当することになりましたが、「こんなことをするために会社に入った覚えはない」と思うほど、僕にとっては嫌いでつまらない仕事でした。もともと事業関係の部門で企画をやりたいという志望があったので、採用というのが会社にとってどれほど重要な仕事であってもおもしろいはずがなく、本気で「辞めよう」と考えたものでした。ただ、中途半端で辞めるのはイヤでしたし、給料をもらっているという意識もありましたので、人事としての一シーズン分の仕事はきちんとしてからにしよう、それも（自分の希望する部門への異動を要求できるだけの）高い評価を得られるような仕事をしてからにしようと、僕なりにがんばりました。

こうして、一通りの成果を収めた後、部長に「異動」を直訴したところ、えらく怒られたことを覚えています。そこで、辞めたら行く会社も決めて、そこまでしたうえでもう一度、異動を直訴したら、さすがに受け入れてもらえたのですね。八九年の七月に、リクルートブックをつくっている事業部の企画室に異動になりました。念願の事業・商品部門に移ることができたのです。

当時はまさにバブルの全盛。どこの会社にも、たくさんの広告宣伝費がありました。しかも「やわらかアタマ」の時代。採用のためにもたくさんのお金をかけて、さまざまなマス媒体を使って企業イメージを高めるような広告宣伝をするようになりました。そうなると、リクルートブックという一つの紙媒体では、得られる広告宣伝費にも限りがありますし、テレビなどさまざまな媒体で複合的にやられた場合と比較して、その効果も圧倒的に劣ってしまいます。それで、「リクルーティング・プロモーション」としてマスメディアや、リクルートにある複数の媒体やイベントを組み合わせた総合的な広告宣伝の仕方を提案する、そういう、従来とは違った企画のプランニングを担当することになりました。その部隊の隊長に現在ミキハウスの取締役でいらっしゃる藤田洋さん、実質的なリーダーに、先述の香山さん、そして僕と、僕より若手の石井慎二君（現在は童話作家として活躍中）

というメンバー構成でした。毎日、会社に泊まりこみでいろいろな企画をひねり出していくというきつい仕事でしたが、優れた人たちに囲まれながら、プランナーとしての仕事のやり方を学ぶことができたように思います。

当時は、もう一つの仕事を兼務していました。学生のネットワークをつくろうというプロジェクトが進行しており、そのために学生に配る小さなPR誌をつくることになったのです。ところが当時の編集部門は、媒体さえつくれば広告が入ってくるという状況でしたから、とても優秀な人材をそんなPR誌のようなものには回せないというわけです。それで、編集経験など一度もなかった僕が編集長になってしまったのです。担当の上司は、現在角川書店の社長である福田峰夫さんだったのですが、彼もたいへん忙しく、あまり関ってくれないし、放っておかれたような感じでした。仕方なく、全部僕がやるしかありませんでした。紙の選定から誌面の構成、広告の値段決めから、学生への配布方法に至るまで、一つのプロジェクトを最初から最後まで全てです。また社内の編集系人材は使えないので、学生の中から優秀な人材を発掘することもやりました。その時のメンバーには、現在「自遊人」を編集発行している岩佐徹君や、上場企業であるゼィープラスの代表取締役で、長らく東証上場企業の最年少社長であった恩田英久君などがいました。そのおかげで、それほどたいしたことはないかもしれませんが、ビジネスをつくり出す「力」をつけることができたと思って、いまはたいへん感謝しています。

◇貴重な体験の連続

もう一つ、ほぼ同時に貴重な体験ができました。現在、杉並区立和田中学校の校長で教育改革のリーダー的役割を果たしておられる藤原和博さんが立ち上げた「会社の将来事業プロジェクト」という研究会に参加できたことです。メンバーに、マッキンゼーを辞められた直後の波頭亮さんがおられて、三か月の間、彼からいろいろなことを教わりました。

たとえば、マッキンゼーのようなところにはとてつもないノウハウや手法があって、それを武器にバリバリ仕事をしていくイメージがあると思います。しかし波頭さんは、大事なのは、そういうことではないと教えてくれたのです。ゴールへの最大の近道は、地道に「何が問題なのか」「なぜ、そうなっているのか」「本当にそうなのか」「どうすれば解決できるのか」などを一生懸命まじめに考えること、そして、物事を考えるときには抽象度の次元をぶらさないようにしなければいけないこと、などまさに基礎的な思考法を教えてくれたのです。

一方で、ＰＲ誌は順調にいきました。しかし結局、上司とはうまく行きませんでした。当時、会社のもっと上の人に働きかけて自分の上司を代えてもらおうと、そんなことまで画策するほど険悪な関係になっていきました。そんな状況でしたから、僕はその担当から外されることになったのです。まあ〝若気の至り〟というやつですね。

たまたま、国内の大学に会社の費用で留学できる制度がありました。僕もいい機会でしたから応募してみたら、オーケーになったのです。それ以前のことですが、リクルートには「経営への提言」ということで論文の社内コンテストがあり、僕は二年連続で優秀賞をとっていたのです。ですから、会社からは「秋山はうるさいけど、それだけじゃないよな」といった見方もされていたのだと思いますし、また、おそらく先ほどの上司との問題から、「少しアタマを冷やせ」という意味合いもあったのかもしれません。

こうして九二年に一年間、早稲田大学ビジネススクールに行くことになりました。そこで入ったゼミが、デファクト・スタンダード研究においての権威である山田英夫先生です。本当に僕はついていていると思ったのですが、山田先生から教わったことは、何よりも「自分で考える」ということです。山田先生は、どんなに質問しても、そのままの答えは絶対に教えてはくれません。「君はどう考えるのかな」とか「こういう本があるから読んでみたらどうか」とか、そのためのアドバイスをするだけです。そうやって、常に自分で考えさせる、そうすることによって自分で答えを見つけていく、そういうやり方で鍛えていただきました。

また、山田先生の研究されていたデファクト・スタンダードについての考察は、授業ではほとんど扱いませんでしたが、後に僕が開発に関わった「リクナビ」において大いに参考になりました。つまり、新しいビジネスがスタンダードになる、決定的な優位を獲得し、収穫逓増メカニズムが働くためにはどうすればよいのかを学ぶことができたのです。その「王道」をそのままやったのが、後述するリクナビの競争戦略です。

◇「リクナビ」を開発

一年間の留学を終え、会社に戻るとき、経営企画部に行くか、事業部の企画部門に行くか、どちらかを選ぶように言われ、僕は迷わず事業部の企画部門を選びました。

当時、僕には二つの問題意識がありました。

一つは、デジタル化が着実に進んできたことで、メディアもデジタルへの転換が必ず起こる。そうなると、リクルートの事業もこのままでよいはずはなく、デジタル時代に対応したものに変えていかなければならないということです。

もう一つ、もっと切実な問題で、リクルートのやってきた細かい事業部制が時代に対応できなくなっているということでした。たとえば人材関連のビジネスでは、「ビーイング」「とらばーゆ」といった中途採用だけの広告を扱う事業部と、新卒向けの媒体だけを扱う事業部とに分かれていました。一つのクライアントに、それぞれの事業部が別々にアプローチしていたのです。それまでは、新卒採用は大手、中途採用は中小といったようにある程度クライアントも分かれていたからよかったのですが、大手でも中途採用が当たり前になり、新卒、中途関係なしにトータルな人事戦略としてとらえなければならない時代になりますと、それでは効率的ではありません。同じクライアントを取り合うような無駄なことまで行われてしまいます。

そこで、事業部門を、クライアントに合わせた形で早急に再編・合体する必要があると考えたのです。これはなかなか社内の理解を得ることがたいへんだったのですが、外部の識者の方々の協力を得ながら部課長クラスの研修の場などを通じてコンセンサスを形成していく動きをしていきました。その後二年かかって、最終的には、事業部門は新しい方向で合体・再編されました。

また、この頃、ヒューマン・リソース・マネジメント（ＨＲＭ）コンサルティングという新しいコンセプトを打ち出しました。これは、当時の社長の位田尚隆さんに受け入れてもらえ、現在リクルート・フェローの横山清和さんが指南役についたチームが結成され、フィージビリティスタディを兼ねたセクションがつくられました。そこには現在、モチベーションを軸にしたコンサルティングで有名なリンクアンドモチベーション社長の小笹芳央さんもいました。その後、数年経ってＨＲＭという言葉は日本でも一般化していきましたが、僕は、この言葉を普及させたのはリクルートだと思っています。

ただ、僕はこのプロジェクトには最後まで関わることはなく、途中で商品開発のほうに戻りました。先ほどお話したように、事業部が再編されたため、そのうえでの新しい商品開発のできる人材が必要になったというのが理由です。九四年から九五年、「ウインドウズ」がブームになり、まさに日本にインターネットの波が押し寄せてきたときのことです。

先ほど、二つの問題意識としたうちの一つにデジタル化がありましたが、実は早稲田大学から戻って、事業部合体などを行う一方で、デジタル化プロジェクトも進めてきていました。企業のいろいろな情報を検索できるシステムを開発して、その試作品を、コンピューターを持っている大学の研究室に配布していたのです。そのシステムでは、たとえば「売上高研究開発費比率が二〇％以上で、従業員に占める女性の比率が三〇％以上」の会社と条件を入力すると、それを満たすのはA社とB社とX社ですといったように出てくるものでした。いま思えばたいへんシンプルなものですが、当時はこれをつくるのもそれなりにたいへんでした。最初のシステムではそこまでの機能で、後はたとえばA社であれば「リクルートブックの○ページ」を見て調べてくださいねという形のものでしたが。ただ、僕の中には、すでにその当時から、こうした検索システムとコンテンツそのものが将来的にはつながっていくというイメージがありました。これが、「リクナビ」の原型です。

また、予約や登録といった足まわりの部分のデジタル化にも挑みました。最初は、電話を使ったものでした。たとえば、ある学生が企業に資料請求するために、プッシュ回線で特定の番号を押す。そうすると、「Fさんという学生が当社の資料請求をしている」という情報がG社に伝わるとともに、リクルートのホストコンピューターにも蓄積されていくようになっていたのです。それで、これを発展させて、個人ごとに違った編集をしたリクルートブックを届ける方法などの実験もしました。こちらはインターネットの発展によって、結局、使われることはありませんでしたが。

ともかく、基本になるツールを一つずつつくっていて、インターネット時代になったときに、それらを統合させて一気に全てをシステムに乗せた。そうやってできたのが、「リクナビ」、当時の名前は「リクルートブック・オン・ザ・ネット」というものです。ですから、他社にはすぐにはまねのできるものではなかったという自負があります。また、いかに普及し競合に勝つかということでは、先ほどお話した山田先生のデファクト・スタンダードの考え方が非常に参考になりました。つまり、クライアント先に「これを使ってください」と、このシステムをハンドリングするソフトを無料で配布していったのです。また、使い方を指南する教育係を各営業部に設置してもらい、お客様の質問にすぐに対応できる体制をつくりました。当然、無料で配布することに対しては、社内に抵抗もありましたが、そうしてまずリクルートのサービスを使わずにはおれない状況をつくってしまったのです。これは大成功となりました。

ただ、「この会社はインターネット時代に生き残っていけるのか」という僕の問題意識、危機感はまだ残ったままでした。「リクナビ」はまだ、そのままでは弱いと思っていたのです。システム自体の高度化、どこよりも高度な「マッチングシステム」にする必要があると考えたのです。

具体的には、Aさんという人は交渉力が非常にある。したがって、営業系のX社やY社に向いているから、ここに紹介する。ここまでは簡単です。ところが、その交渉力は、実は非合法勢力に対応する法務的なセクションZが必要としている能力だったりもするわけで、実際にZからAさんに会いたいと言ってきたとします。そうなると、今度はその履歴情報が蓄積されて、Aさんと同じようなスキルを持ったBさんが現れたら、最初からX、Yに加え営業系ではないZも紹介されるようにするというような学習するシステムをつくろうということです。

あるいは、Sという会社がベンツのセールス要員を探していたとします。一方、個人の側にはカローラを売っていた営業マンTと高級住宅を売っていた営業マンUがいたとします。普通のシステムでは、この求人情報は「自動車の営業」ということでカテゴライズされてしまいますから、Tは紹介されても、Uは紹介されないでしょう。でも実際にこの仕事に向いているのはどちらでしょうか。高級車の販売に求められるコアスキルは、「メカがどうのこうの」という説明の力ではなくて、居住性や高級感といった雰囲気を伝えられ、かつお金持ちのお客さんに対応できる能力ですから、高級住宅のセールスマンのほうが向いていると考えられるでしょう。

そういう情報がきちんと蓄積されていて対応できる「高度な」マッチングシステムにしないといけないと思ったのですね。そうやって、システム自体がいろいろなことを覚えていくものにしないといけないと考えたのです。

このシステムはお金をかけて実際に開発され、関連会社のリクルート・エイブリックで一部商品化され、「日経コンピュータ」から小規模部門のグランプリをいただくまでに成長しました。ただ、残念ながらこのシステムは当初、期待したリターンを得られなかったために、僕から言わせていただけば「本当の効力」を発揮する前にお蔵入りしてしまいました。本当は「リクナビ」にこのシステムを乗せようとしていたのですが、僕も会社を離れてしまいましたから、仕方がないですね。

◇もうやることがなくなった

ともかく、高度なマッチングシステムのプロトタイプの完成形を開発者の方から見せていただき、その出来映えに満足した段階で、僕の中で「ああ、これで終わった」という思いが湧き上がってきました。本当にリクルートの中で自分がやれることはもう終わった。企画マンとしての自分が新たにチャレンジできることはここにはもうないと、そう思ったのです。

それで、「辞めさせてください」と上司に言いましたところ、「気休めに、半年くらい休んでいいよ」と言われました。いわゆる休職です。そこで、半年何か遊べるものはないかと探したら、ちょうど富士通とハワイ大学でやっている半年間のハワイ留学プログラムがあったのです。もちろん自費で行きました。時間もありいろいろ考えましたが「辞める」という気持ちは変わらなかったのです。

ハワイから戻って、最後の奉公として手がけたプロジェクトが、産学連携のＴＬＯ（技術移転）の事業化です。当時、山本貴史（現・東京大学ＴＬＯ社長）さんが熱意をもってこれを推進していて、そのサポートをしました。このＴＬＯもいまでこそたいへんなものになりましたが、当時はまさにゼロからのスタートです。アメリカから権威者であるニルス・ライマースさんを呼んできたり、事業計画の作成、企業へのアプローチなど、様々なお手伝いをさせていただきました。

山本さんとの仕事はとてもおもしろいものでしたが、技術という領域であるだけに、本当に自分の中でものにするには十年はかかる、そう思っていました。結局、どうしても会社を辞めるという気持ちは変わらなかったのです。ハワイにいる間から、いろいろなエージェントから仕事の紹介を受けていたのですが、そのなかに、当時セガの社長で、その後副会長になられた中山隼雄さんのアシスタントという仕事がありました。セガの社長付ということでしたが、それまでに経験したことのないおもしろそうなことがたくさんありそうで、リクルートを卒業して、そこに行くことに決めたのです。

振り返ってみると、僕がこうしたいろいろなことをしてこられた背景には、ツキがあったことは間違いありません。「リクナビ」のプロジェクトも、いまリクルートワークス研究所の所長をしておられる大久保幸夫さんが僕の上に部長でいてくださって、強力にバックアップし、根回ししてくれたのですが、常にそういう支援者に恵まれてきました。全員の名前を出すと、それだけで本が一冊できてしまうので、最小限に限らせていただいたのですが、リクルートの中でももっとも優秀なスタッフの集まるところで仕事をしてこられたのは、本当に幸せだったと思います。

会社は卒業するもの

卒業という言葉を使いましたが、本当にそうなのです。おそらくリクルートの人にしかわからないと思うのですが。逆に言うと、リクルートという会社の中でできる仕事というのは、まず広告雑誌をつくったり、あるいはインターネットを使って人と情報が集まる仕組みをつくったり、情報とそれに伴う広告の集まる商売が基本なのです。そういう意味でいくと、言葉は悪いのですが、「学校プラスα」くらいのビジネスでした。ちょっとうまく行ったからといって威張るには気がひけるようなビジネスの難易度だと、当時は思っていました。

その点、リクルートを辞めてから中山隼雄副会長付の常勤顧問という形でセガの仕事をしたのですが、やはり仕事のスケール感が違う。セガのゲームを持っている人は世界中にいるわけで、世界という空間の広がりの感覚を持つことができます。そうすれば為替の問題なんかも出てくる。ゲームソフトと言うのは時間をかけてつくりますから、そういう意味で時間に対する感覚も違うのです。あるいは、ゲームセンターに設置するゲーム機、これは製造業という側面を持っていましたし、ゲームソフトには知的財産権に関わるような側面がありました。また、ゲームセンターはチェーン店で、チェーンオペレーションのようなものもありました。そんなことを考えると、仕事の広がり、スケール、空間的、時間的な総体としての複雑性や、難易度の高さでは、セガのほうが圧倒的におもしろかったと思います。

その後、中山隼雄さんがセガからパソナに移られたので、僕も人材派遣会社の仕事をすることになりました。パソナでの仕事は、顧客との立ち位置の設定や、ベンチャー企業という組織を学ぶのにはとてもいい機会でした。契約期間が終わり、次に外資系の仕事をやったわけですが、そこでもまた、本当の意味での世界の広がりを感じました。百三十か国で業務を展開する会社でしたから、それだけのスケールを感じることができたのです。

ともかく、僕にとっては、一つひとつの会社でいろいろな経験をさせてもらって、まさに「卒業」していったというイメージなのです。

2　セガへ

◇自分の頭をリセットしたい

一九九八年にリクルートを卒業し、セガに移りました。中山隼雄副会長付だったのですが、仕事の中身がかなり特殊だったこともあり、社員ではなくイレギュラーな常勤顧問という形になりました。

実は、このときは間にエージェントの人が入っていたのですが、この時の契約の仕方については、エージェントの人が言い始めたのか、セガの人が提案したのか、僕にはわからなかったのです。ただ、当時から「企業と個人はもっと対等な立場で契約すべきだ」などと青臭いことを言っていた僕にとっても〝わたりに船〟で、たいへん喜んでこの話が決まったということです。

セガに移った理由は、自分の頭をいったんリセットしたかったというのがあります。前節でお話ししたように、リクルートという会社にいて、右から集めてきた情報を左に流す間に〝溜め〟のようなものをつくって、人が集まるような場をつくる。人が集まると、広告業だからお金がついてくる。そういう仕事ばかりしていて、飽きてしまったのです。と言うよりも、どうすればうまく稼げるかという方法論がワンパターンしかできない自分に気付いていて、これでいいのかと思うようになったのですね。もう少し違うことをできるようになりたいと思っていたときに、ちょうどセガの話がきた。タイミングがよかったのです。

考えてみたら、当時のセガにはほとんどのビジネスがありました。つまり、ゲーム機をつくるという製造業、ゲームセンターを運営するサービス業。そしてゲームソフトというコンテンツ業。当時の専務に「うちに来たらなんでもあるからね」と言われましたが、本当に僕にとってはそれが〝殺し文句〟でした。いままでのような一つのビジネススキームではなく、複合したものをやってみたいと思っていたときに、いいタイミングで話があったわけです。しかも人一倍の洞察力のある中山さん付で、何でもやれる立場になれたのです。

◇インディペンデント・コントラクターを名乗る

こうして、セガに行くことになったのですが、常勤顧問というのも〝おじさん臭い〟ので、こういう契約の仕事というのはどういうカテゴリーに入るのかと調べたら、インディペンデント・コントラクター（ＩＣ）という言葉があることを発見しました。それで、これを名乗ることにしたのです。要するに、僕の場合は、ＩＣになりたくてなったのではなく、はずみでなってしまったという感じなのですね。「秋山さん、いいところに目をつけましたね」って言われますが、別に目をつけていたわけでもなんでもなかったのです。またセガとの契約は社員ではありませんので副業禁止規定もありません。他社から頼まれたコンサルティングのようなことも、時間をみつけて、少しずつやり始めました。セガを中心にしながら、単発で他社の仕事も入れ始めたわけです。

ただ、もともとのサラリーマンというのはこういう存在だったのではないかな、とも思っています。個人としてのスキル・腕を持って独立してやっていて、「こういうプロジェクトがあるからやらないか」という具合に、ある時はこちらのプロジェクト、ある時はあちらのプロジェクトというかんじで仕事をする。もっと前は農業をやっている人にダムつくるから一時契約で来てくれとか、そんなところから始まっているのではないでしょうか。

そういうふうにして何日かやっていくなかで、それならやる度に声をかけて仕事内容や報酬を決めるより、「ウチの専属にならないか」ということで会社ができていったという、僕から見るとそういうイメージなのですね。

会社側からみると、毎回プロジェクトごとに全員に対していちいち契約していたら手間がかかりすぎる。それならば、一回やれば二回目からはコストが削減できるような専属契約のほうがよくて、そういう意味で、ある程度固定的な組織というのができてきた。それがいまの会社になり、サラリーマンになったのではないかということですね。僕のようなICが活躍できるようになったことは、要するに、それがいま先祖帰りしている、戻っているだけなのではないかと思うのです。

×　×　×　×　×

山田　当時アメリカにはインディペンデント・コントラクターというのはもうありました。公式統計では一九九五年からしかとらえられませんが、遅くとも八〇年代前半には存在しており、後半に普及したのではないかと思います。

秋山　それは、アメリカで八〇年代にリストラが頻繁に行われた結果、独立して仕事をする人が増えて、それがインディペンデント・コントラクターと言うようになったのではないですか。

山田　歴史的には、ホワイトカラーの人たちの社会保障コストを削減したいという意図で普及してきているようです。社会保障のコストが高いから、解雇して特定の業務に対してのみ契約しましょうということですけど、アメリカの場合、職務が明確化されているからやりやすかったのでしょうね。秋山さんの場合はちょっと違うかもしれませんが……

秋山　インディペンデント・コントラクターについて、結構暗い話を語りたがる人もいるようです。優秀な人は別ですが、実際には、社員より安い価格でしかも年金を払わなくていい。安い労働力だと……

山田　アメリカの統計を見ていると、違いますよね。一九九五年から二年おきにとっている統計を見ると、コンティンジェント・ワーカーという言葉でまとめられています（詳しくは第2章第9節）。そこではインディペンデント・コントラクターのほかに派遣社員、オンコール・ワーカー（呼び出し労働者）、請負い会社の社員の統計をとっているのですが、派遣社員やオンコール・ワーカーの場合は「嫌だけど仕方なく」なっている人が多い。不安定な地位にもかかわらず給料も安い。ところが、インディペンデント・コントラクターは、実に八割以上の人が自発的になっているのです。勤め人では自分のやりたいことができないということに不満を持っている人が多いことが背景にあるのでしょう。

秋山　それはすごくありますね。会社で一週間の仕事を時間の観点からチェックして、一体どれだけ本来の業務の時間に使っているかを調べてみたら、おそらく半分くらいだと思います。組織のことばかりやっている印象がありますよね。つまらない会議はその典型です。それから管理職ともなると、人事考果や本当はそこまでしなくてもいいような部門間の調整なども入ってきて、自分の本来の仕事ではない部分が五割を越えているのではないかと……

山田　アメリカの統計とか日本で翻訳された『フリーエージェント・ネーション』（ダニエル・ピンク著、邦訳『フリーエージェント社会の到来』ダイヤモンド社）を読んでいても、インディペンデント・コントラクターになる出発点は、自分で自分の人生をコントロールしたいというか、自分のやりたいことをやりたいというところにあります。秋山さんのように仕事をやりたいからやってるという人もいますが、ちょっと違って、ホドホドに仕事をしたいという人も結構いるのですね。

秋山　僕達がやっているNPOのIC協会にも一週間に三日しか働かないと決めている人がいます。それで、「何でですか」って聞いたら、「給料はほどほどでいい。それで無理に働くよりも家族と子供と遊びたい」と言う。

山田　アメリカのシリコンバレーにいた人の話を聞くと、インディペンデント・コントラクターというのは共働きの家が多い。お互いちょっとずつ働いてという感じですから、二人でやらないと生活はたいへんなようです。ちなみに、ICというイメージで本当に自分の中に入ってきたのはいつごろのことですか。

秋山　もちろん、契約をした最初のときからですよ。ただ、個人として複数のクライアントのプロジェクトを同時並行的に進めるというふうにしたのは二〇〇三年の四月からです。本当は、だいたい毎日行くようなメインの会社を一つ決めて、その仕事にかけるエネルギーを七割くらいにして、あとは少しだけやる。これがいまでもベストだと思っているのですが、なかなか思うように行かなかったのです。ただこのあたりの顧客構成をどうするかは人の好き嫌いの領域ですね。

3　会社に縛られて何もできないことがイヤだった

◇自分で考える「働き方」

僕は最初からインディペンデント・コントラクターを目指したわけではありませんが、だからと言って、なにか事業を始めるという気持ちもありませんでした。と言うのも、事業をするには、それが何であっても、一種の才能が必要だと思うのです。事業アイデアはもちろん、元手もいる。金と人と才能、この三つがないと始まらないわけです。

僕の場合、事業アイデアは出るほうだと思います。でも、もともと会社の中で事業企画をやっていたわけで、お金や人はそこにあるものを使えばよかった。ところが独立してしまうとそうはいきません。個人で商売のようなものをやったらおもしろいとは思いますが、失敗する確率も非常に高い。仮に成功しても、それまでに時間がかかるし、天文学的な確率の大成功を収めない限り、社会的影響は大きくない。で、結局、いまのような形態が自分にはベターだと思ったのです。

それから、何をゴールにするかで、人によってモチベーションが違ってきます。お金を儲けたい人もいるでしょうが、この場合は自分でリスクをとって勝負をかけなければ、年収数億円にはなりにくいでしょう。お金が欲しいのなら自分で商売する、起業する。そして最終的にはその会社を上場するということになると思います。しかし僕は、お金より仕事や、それが生み出す社会的な影響力にこだわりたいのです。そうすると、何かをやろうというとき既存の組織を使ったほうが、明らかに時間は短縮できるし、成功確率も高い。起業をするよりも、インディペンデント・コントラクターのほうが、僕にとっては適しているわけです。

◇大企業では若いうちは何もできない

僕がいまのような立場になり始めのころ、よく、「どうやって独立したのか」と聞かれましたが、僕には特別に独立しようなんていうつもりはあまりなかったのです。ただ、転職して、どこかの会社のどこかのポジションに入ったら、結局は普通の序例の中に三十三歳の社員としてはめこまれてしまう。十羽ひとからげにこういうことやれ、異動しろとなるわけで、そこでは自分が何をやれるかという保障はなくなってしまう。下手をすると、大嫌いな採用の仕事をやらされるかもしれない。それなら、もう自分のする仕事の中味を決めてしまい、契約期間も決めてやるようにしたほうが、僕にとっては絶対にいいということになるでしょう。

余談かもしれませんが、自分自身の仕事や処遇に関して自分では何も意思決定に関わることができないのが「社員」なのです。各々のもつ個別性は排除されたうえで、年次管理という仕組みの中で、この年次になったら次は副参事とかいうように昇格して、何年たったら異動になってと、会社の中で決まっている規則に沿って何をやるかが決まってしまっているものでしょう。一部の力のある人だけが、ほんの少しだけ融通がきく。そういう組織のルールの中に入ってしまっては何もできないと思ったのです。

×　×　×　×　×

山田　その辺が変わってきた理由は何でしょうね？　秋山さんのような働き方も認められるようになったのは、十年くらい前から比べると画期的なことだと思います。

秋山　ここ三年くらいで、まったく違う感じになりましたね。僕がこのスタイルを始めた頃は「人間扱い」されなかったけど、いまは、立派に扱ってもらえるようになりましたから。その理由を考えると、やはり、ヒット商品を出さないと企業は儲からなくなってきたからでしょうね。そうすると、プロジェクトを企画して、引っ張っていって成功に導かなければいけない。プロジェクトをつくり出せる人とつくり出せない人に対する会社の見方や待遇が、違っても不思議ではありません。そこに、僕のような立場の人間の果たす役割が認識してもらえるようになってきた。

山田　サービス産業化とか知識社会化とか、情報社会とかね。

秋山　世の中のルールも全部違ってきたでしょう。たとえば会社評価のルールも変わってきました。昔なら、当社は三千人いますとか、五千人いますというのがステータスだったけど、いまは何人いるかより利益があがるかということが問われるようになっています。企業法務専門の弁護士である中島茂先生に教えてもらった話ですが、株主総会の時に、株主がきっちりと利益を要求するようになってきたし、会社は自分たちのものだと主張するようになったわけです。また、ともかくＩＴが激しく世の中を変えていくので、どんどんビジネスのあり方も変えていかなければならなくなっていますよね。外国とのビジネスもどんどん増えてきて、かなりドメスティックな会社だったリクルートでも、九〇年代途中から外国絡みのプロジェクトが急増してきて、「だれか英語できるヤツはいないか」というふうに変わってきました。

山田　ひとつは、経済が豊かになれば消費者は単に生理的欲求を満たすためではなく、「記号的」「文化的」なものを消費したくなる。そういうものは絶えず新しいものをつくっていかなければいけなくなる。そうすると、どうしても同じ企業の中にいる人は、同じ文化で同じ発想だから、外から人を入れるということで新しい発想ができやすくなるということだと思います。

秋山　僕がいま、すごく重宝がられるのは、会社や組織の中に同化していないところだと思うのです。僕を一人入れただけで、「あっ、そういう話なら、こういう別の話がある」という具合に外部に目が向いて、その知り合いにプロジェクトに加わってもらったり、話をしてもらうだけでも発想が広がる。でも僕が完全に中に入ってしまうと、こっちが組織に同化しなくてはいけなくなる。そうではなくて、少し離れた立場、半分中で半分外のポジションだと、内部の文脈というか、どういう思考で物を考えているかということがわかると同時に、逆の外側の文脈もわかるから、その両方をつないだりすることができて、非常に価値が出せると思うのです。

◇見えてしまった将来

インディペンデント・コントラクターの道を選んだモチベーションは、一体何だったのかと考えると、難しい話ではありません。

前節の内容と重なりますが、簡単に言えば、会社にいたほうがおもしろかったら、ずっといたと思うのです。普通の会社では、四十歳くらいから組織内部のことばかりに忙殺され、能力を持てあます「暗黒の十年」が始まるわけですが、リクルートの場合はそれが早いのですね。三十二、三歳になると、もう、この仕事はどこでどんな情報をどのようにインプットし、誰にどうアウトプットすれば成果が上がるかがわかってしまうのです。そうやってだいたいの方法論が見えてしまうと、その会社にいても自分の成長は望めないと思ってしまったわけです。

そういうとき、すぐに大事業部をまかせてくれるなら、別の能力を発揮しなければならないから新たな能力開発にもなるのでしょうが、三十二、三歳ではそういうこともない。それ以上に「企画マン」として一流になりたい自分には、そんなモチベーションもない。それで、ここにいたら飼い殺しになる。辞めたいと思ったのですね。

もう一つ、自分の信条として、一つのビジネス・スキームしか知らないというのは、企画マンとしては二流だと思っているのです。多様なスキームを経験し身に付け、全く新しい別のスキームをつくり出すようになってはじめて「できる企画マン」と呼ばれるのだと思うのですね。一つしかないとかけ算もできず広げられないから、いつまでたっても、一つしかないわけです。だから、使えるビジネス・スキームを増やしていくということは、自分の企画マンとしての能力アップにつながる。そう思うと、一つの会社にいるという選択肢はなくなってくるわけです。

ICには、仕事がやりたくて自己研鑽を追求してやっている人と、ほどほどに仕事以外のこととのバランスをとりたくてやっている人とがいます。前者のほうは僕と同じで、会社で得られる機会のバリエーションが乏しくなって、自分を高めるためには不十分だと感じてしまう。しかし、転職して社員になると、どうしても組織の仕事が多くなり、本当にやりたい業務に割ける時間が少なくなってしまう。そうすると専門特化した形でのICという選択肢が浮上してくるわけです。

こうした場合に、ベンチャー企業に行くというような選択肢もあるのですが、ベンチャー企業というのはまた、全く違う文脈で動いているところなのです。会社によっては、大企業でも大オーナーのような人がいて、その人がやりたいように社員を方向付けるところもなくはないのですが、普通の日本の大企業は、民主的で、好きなことをしゃべっていいし、少々文句を言ってもそれでクビになることはない。力があれば、仕事のやり方もある程度好きなようにできる。

しかし、ベンチャー企業というのは、一般的に言って専制君主のいるところなのです。そこに転職するというのは、民主主義から専制主義の世界に入るということで、君主である社長が「あの白鳥黒いな」と言われたら、そうでなくても、「はい、黒いですね」と言わなければならない。そういう人たちの世界と外の人としてつきあうのはおもしろいですが、いったん中に入ってしまうと、「はい、黒いです」と答えなければいけない。また、専制君主の周りには〝取り巻き〟も多くいて、そのなかで〝寵愛レース〟を勝ち抜く必要もある。そういう世界で、大企業の民主主義出身のエリートがやっていくには相当の忍耐が必要です。大企業を辞めてベンチャー企業に行くべきだと言う評論家は多いのですが、このあたりの事情を十分理解したうえで話していただきたいものです。もちろん例外はありますし、ベンチャー企業には先ほどのデメリットを超えたよさもあるのですが。

4　インディペンデント・コントラクター（ＩＣ）という選択

◇収入も満足も本人次第

僕がいまの「働き方」を選んだ理由の一つとして、自分にぴったり合う仕事に出会えなかったということもあります。

仮に僕が企業にとって必要なすべての能力を持ち合わせていたとしても、企業のほうでは僕に特定の職種のこんなスキルが欲しいと求めてくるわけです。つまり、自分の持ち得る能力の一部分だけ欲しいということになって、一千万円の価値がある能力を持っていたとしても、一つの会社では五百万円の仕事しか契約できないことになる。それなら、能力を切り売り、時間売りしたほうが、こちらの売上は最大化するでしょう。

一方、会社は大きくなるほど無駄が増えるものです。過去からのしがらみで残っているような仕事もあります。上下やヨコの調整のための会議や直接的には関係ない資料の作成のようなものに結構時間をとられて、本来すべきこと以外のことで忙殺されているケースが多いと思います。そういったしがらみから解放されて、本来果たすべき役割のみであれば一週間のうち二日あれば完璧にできることもある。そうなると、個別に契約ベースで仕事をすれば同じ会社に毎日行く必要はなく、二日ずつ違う三つの会社に行けることになります。それまで、そういう仕事をする人に会社が八百万円払っていたのを、五百万円で契約すれば、会社も三百万円浮きますし、本人は三社分で千五百万円の収入になります。

たとえば、あるＩＣはプロとして広報の仕事をしていますが、普通の社員がフルタイムでやれるのと同じくらいの仕事を週一回でやってしまうことができます。実は、その前の年には、この会社には他の部から異動してきた広報ははじめてという人がいました。その人は畑違いのところからきたこともあって、効果は上がらなかったのですね。そこで、プロのＩＣを週一回勤務ということで契約したところ、その人のときよりパブリシティの量が二倍以上になった。去年フルタイムで抱えていた人よりも、週に一回しか行かない彼のほうがはるかに高い効果を出していたら、誰も文句は言えないでしょう。

本来、ホワイトカラーと言われる人の仕事は、アイデアなどの非定型業務です。したがって、その基準になるものは労働の投入量ではありません。企業も成果とコストの関係をシビアに見れば、ＩＣを使うという選択は何も特別なことではなく、ごく普通のこととなるはずです。

5　日本のＩＣは揺籃期

◇〝履歴書が汚れている〟ことは問題なのか？

二〇〇三年の十二月にＮＰＯ組織のインディペンデント・コントラクター協会というのを立ち上げました。最初はリクルートのＯＢが中心だったのですが、現在の会員数は百二十名ほどになり（二〇〇四年八月十五日現在）、結構ハイレベルな職人集団となっています。企業の財務・経理、人事、ＩＴ、マーケティング、営業、ブランド、知財など、ほぼひと通りの職種をカバーする人材が既にいます。だいたいの皆さんは、管理職志向ではなく仕事志向の方々です。

ようやくそういう人たちが、ＩＣとして企業、既存の組織を飛び出して、自分のスキルを見始めたとも言えるのですが、実は、ＩＣ的存在は、昔からいることはいたのですね。たとえばプロのセールスマンで、何社もの仕事をかけもちでやっている人や、研修の講師で何社も契約している人気コンサルタントのような人とか。その人たちはいままで自分の立場をカテゴライズする時、「フリーでやってます」と、言ってきました。僕がＩＣという言葉を使っているのを知って、よく「そう言えばよかったのですね」と言われます。

マスコミには結構、そういう人は多いと思います。たとえば出版と映像と二つの領域の中で、ある時は雑誌の立ち上げに参加し、またある時はＮＨＫの特集番組の取材の部門で参加する。その時はＮＨＫの契約社員であり、ある時はどこかの出版社の副編集長で、というふうに。ただ、多くの人がそれを見た時になんていうかというと、「にぎやかな履歴書ですね」となる。それならまだよくて、ひどいときには「履歴書が汚れていますね」と。

一度の転職ならそうでもないでしょうが、何度もとなると必ずそういう見方をされてしまいます。世の中の常識では、最大三回くらいまでが許容範囲ですというところが多いでしょう。かつて、アメリカの最優秀と言われる大学の修士で、ＩＣ的に短期のプロジェクトを、いろいろな会社の社員としてやり続けていた人がいましたが、面接に行くといつもとても嫌な顔をされたというふうに言っておられました。

実際、会社にいても二、三年ごとに異動するケースはありますよね。プロジェクトベースで動いたりすれば、それが当然です。それが、会社という枠の中でのことであれば立派だと言われ、場合によってはエリートと称賛されるのに、会社という枠を飛び出していれば変な目で見られるのです。よりバリエーションのレベルが大きく、複数の多様なプロジェクトをこなしているので、視野も広がり能力はアップしているのに。しかも、プロジェクトを終わりまできちんとやり遂げているにもかかわらず、「履歴書が汚れている」って、「それはないじゃない」と言いたくなるのですが、それがいまの現状です。

だから、今回ＩＣ協会をつくった目的の一つは、「プロジェクトベースで会社の枠を越えるようなことがあることを、世の中の人に理解してもらおう」ということだったのです。

× × × × ×

山田 私も、最初にＩＣがアメリカにいるということを知ってイメージしたのは、ホワイトカラー的職人だったのですね。まさに「人事一筋でやってきました」というような。仕事を組織ではなくて、自分のアイデンティティをもってやっている人たちに契約ベースで委託するということかなと思ったのです。日本では、一九九五年に日経連が「新時代の『日本的経営』」というのを出して、その中で、昔は長期継続雇用のみに注目していたものを、従来型の「長期蓄積能力活用型」と、「高度専門能力活用型」と、「雇用柔軟型」に分け、これらを効果的に組み合わせて人事管理を行うべしと提言しています。ＩＣは、ここで言う研究・営業などの専門部門で有期で使われる「高度専門能力活用型」のイメージが強く、その働き方の一つとしてＩＣの形があると思っていたのですが。いまは違うのでしょうか？

秋山 ほとんどの場合がそうです。外部の人をわざわざ活用しようというのですから、内

企業・従業員の雇用・勤続に対する関係

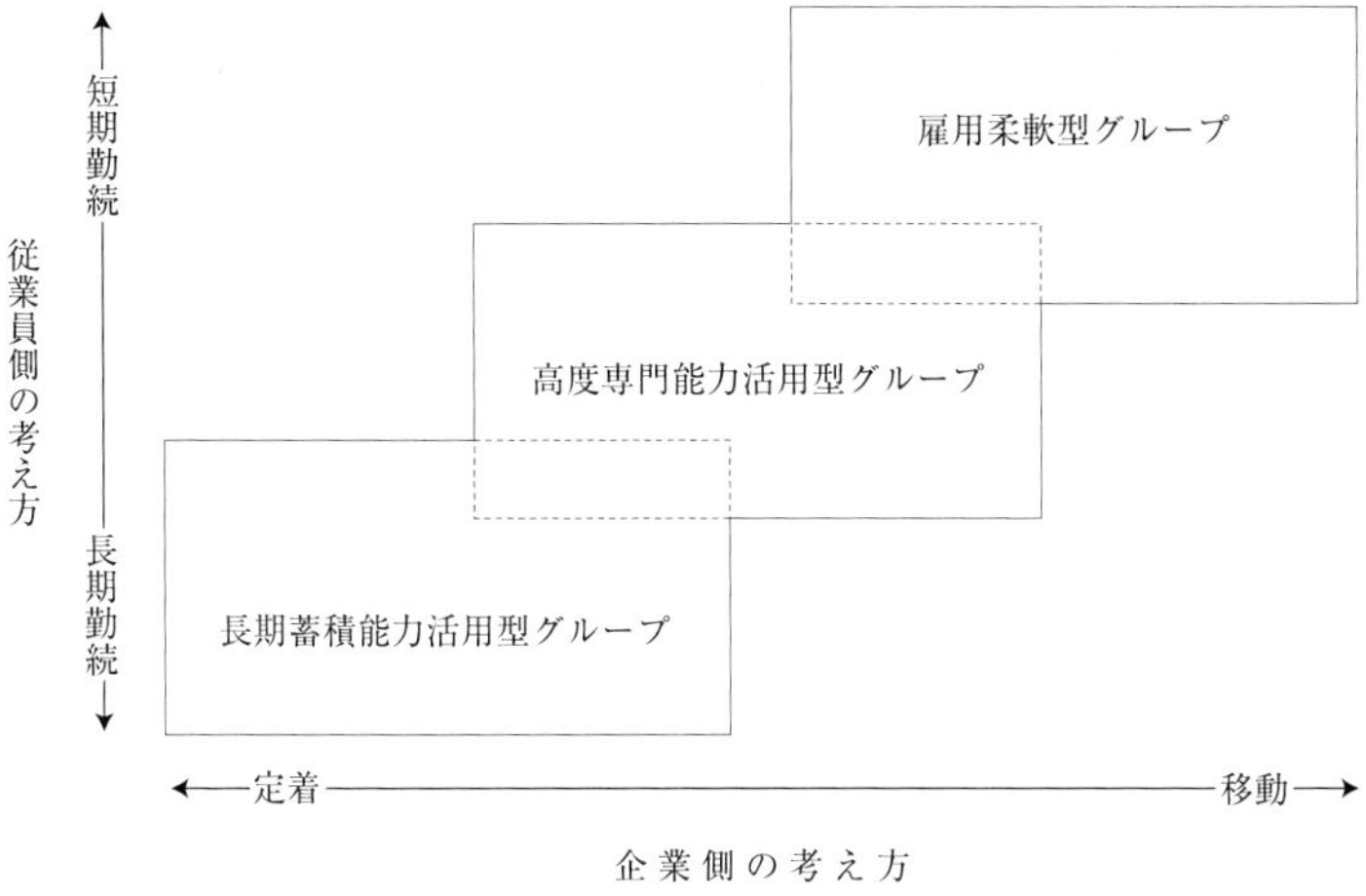

注）1．雇用形態の典型的な分類
　　2．各グループ間の移動は可

グループ別に見た処遇の主な内容

	雇用形態	対　　象	賃　　金	賞　　与	退職金・年金	昇進・昇格	福祉施策
長期蓄積能力活用型グループ	期間の定のない雇用契約	管理職・総合職・技能部門の基幹職	月給制か年棒制 職能給 昇給制度	定率＋業績スライド	ポイント制	役職昇進 職能資格昇格	生涯総合施策
高度専門能力活用型グループ	有期雇用契約	専門部門（企画、営業、研究開発等）	年棒制 業績給 昇給なし	成果配分	なし	業績評価	生活援護施策
雇用柔軟型グループ	有期雇用契約	一般職 技能部門 販売部門	時間給制 職務給 昇給なし	定率	なし	上位職務への転換	生活援護施策

（出所）日本経営者団体連盟『新時代の「日本的経営」』1995年

部の人にはない特別な専門性があり、その人を使うメリットが明確にイメージできそうな場合に限られると思います。結局、ホワイトカラーの職種の専門家の人が一社のためにスキルを提供するのではなく、数社に対して提供することで、当人にとっては社員でいる時より収入が上がり、会社も安くプロフェッショナルが雇えるから楽ですよ、と。そういう話で、両者ともハッピーになれることは多いはずなのです。

6　フリーとＩＣは違う

◇インディペンデントとは独立すること

僕はフリーランスという言葉を自分に使うのには少し抵抗があります。ほかに適切に表現できる言葉がないので、「フリーランスみたいなもの」と言われることがあると、とりあえず「日本語としてはそうです」とは言っていますけど、本当はフリーランスとインディペンデント・コントラクターは全然違うと思うのです。

屁理屈と言われるかもしれませんが、フリーランスのもとは「フリー・フロム・何とか」というもので、国王などの圧政から自由を獲得していくという、非常に不幸せな状況からの脱却・解放というのが、フリーなのです。一方のインディペンデントは、ディペンデントな状態から独立する、つまり「食わせてもらっていた段階から自分で食えるようになる」ということなわけですよね。

会社というところから自由を求めて逃げ出してきた人が、そこで「フリーの地です」と言っているのがフリーランス。インディペンデント・コントラクターは、会社から逃げ出すものではない。この点は次章で詳しく説明します。

◇会社や先輩に恩返しをしてほしい

ですから、最初のクライアントはぜひ、いままでお勤めになった会社にしてくださいと、僕はみなさんに言っています。「そこに対してもちゃんと貢献するというのは、あなたの務めでもある」と。「そうやっていくことで、あいつはちゃんとやってくれたというのが伝わって、いいお客さんも紹介してもらえるし、あなたのことを認めてくれる仲間がそこで増えるようになりますから」と。

本当にディペンデントな状態で育てていただいた会社の方や上司、あるいは関係先に、

「ありがとうございました、これからはインディペンデントになって、別の形で皆さんに貢献したいと思います」「やっと一本立ちできました」って、これが幸せな形だと思うのです。決して、「もうこんな会社いやだ、知るかー」って出ていって何かやるという感じではないのです。

そういうわけで僕は「フリーランス」は使いません。根本的に違うと思っているのです。もう一つ、ＩＣ協会のメンバーに「嘱託」を前向きにとらえて、自分で会社をつくってしまった方がいらっしゃるのですが（二四四ページ参照）、彼はインディペンデントな状態になることで、急に輝き出したのです。インディペンデントと言うことが、人間をこれだけ変えるのかと思ったのですね。この仕事をするようになると、みなさん顔が変わります。そんなすぐに仕事が入るわけではないので、経済的には貧しかったりするのですが、カラ元気も含めてエネルギーが前面に出るようになります。自分の意思で働く、自分で決めて自分の人生を歩むというのは、人の顔をこれだけ変えるのかとびっくりします。

×　　×　　×　　×　　×

山田　会社では、最終的に自分で決められないというのがありますが、私は本当は、本気になってやれば、少なくとも自分の関わっている仕事・事業については自分で決められるのだと思いますよ。それまできちんと仕事をしてきて、四十歳前後になれば課長ぐらいにはなります。課長というのは実態をいちばん知っているわけです。ですから、本当は本気になって交渉していけば自分の意思で決められるのだけど、それができない。上司にお伺いを立ててしまうのです。ただ、それでも実態としては自分で決めているのです。私も最近よくわかったのですが、上司に相談したら「君はどう思うか」というふうに言われて、結局は自分で決めているケースも多いのです。だからこそ、独立すると、組織の中でも実はやってきていたことなので、意思決定できるわけです。自信を持ってやることができる。ただ、ICはICなりに全部自分でできるわけではないでしょう。

秋山　もちろん、ICはやはりフリーではないのですよ。基本的には契約で拘束されていて、自分で決められるのは、その仕事をやるかやらないか、契約するかしないかだけ。そして、やると決めたら結局、会社と仕事をするわけですから、仕事上の決裁者がどうのこうのと言えばそれに振り回されることもあるわけです。ただ、クライアントが複数あれば、いつもいやな人の相手をするわけではありません。ほかに行けばしばらくは忘れることもできるし、そういう面で精神衛生上もいいというのはあります。結局はクライアントの言いなりになるときもあります。むしろ僕らは、社員の時よりいまのほうがクライアント（決裁者）の顔色をうかがうかもしれません。お客様なのだから当たり前の話でしょう。

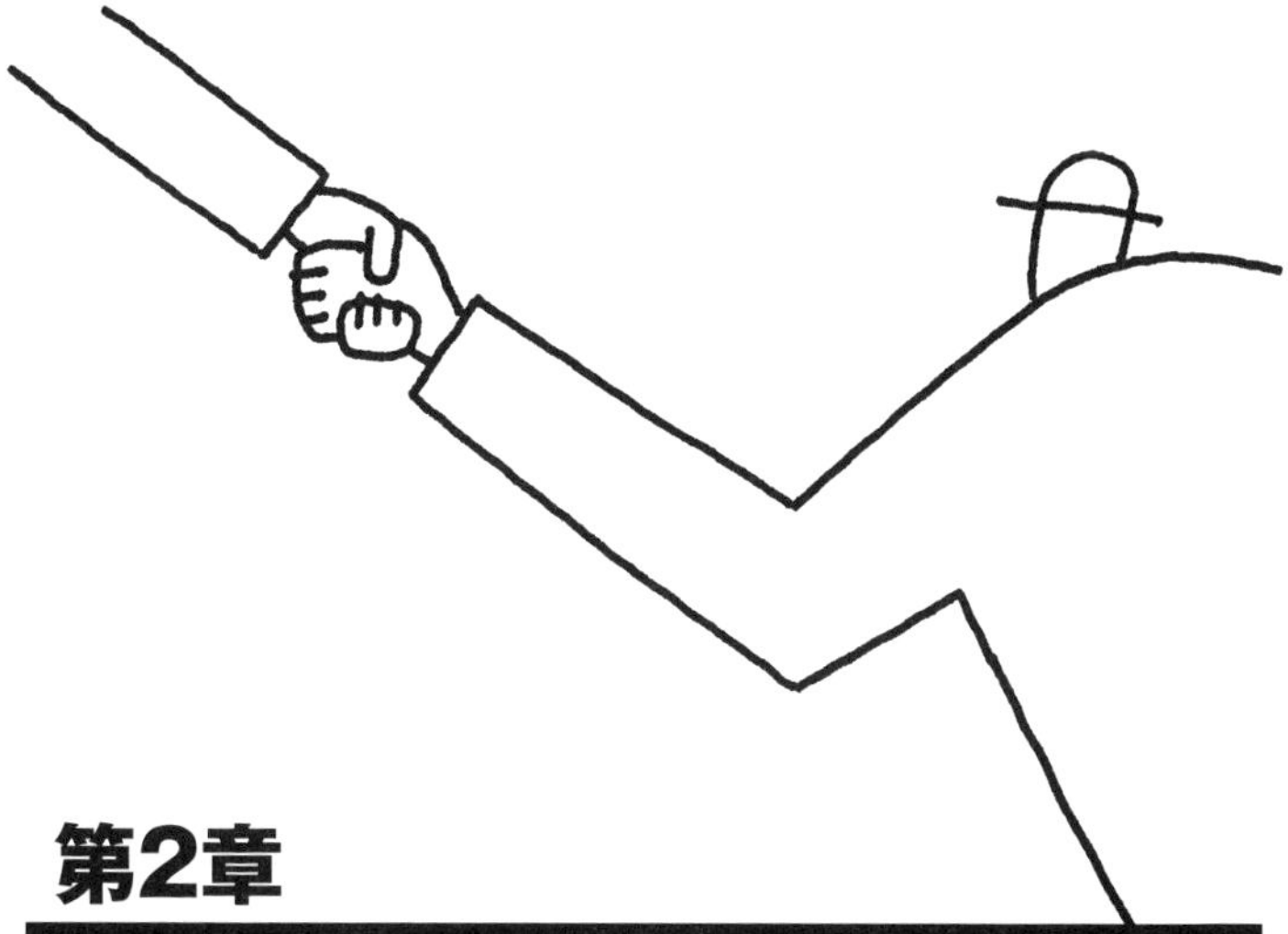

第2章
インディペンデント・コントラクターは誰でもなれる?

1　インディペンデント・コントラクター（ＩＣ）とは

◇雇われない、雇わない働き方

ここで、インディペンデント・コントラクターとはどのようなものかを説明しておきましょう。英語で「インディペンデント」とは「独立」という意味。「コントラクター」は「契約をする人」ということになります。したがって、直訳すれば「独立契約者」なのですが、これではよくわからないと思います。「独立個人事業者」とか「独立請負人」と言われる場合もありますが、いずれにせよ、なかなかイメージが明確になりません。

通常、ＩＣ協会では「雇われない、雇わない働き方」と言っています。英語に「セルフ・エンプロイド」という言い方がありますが、この「自分で自分を雇う」というのがぴったりなのです。そこで、日本語では「企業に雇われて社員になって仕事をする関係ではなく、だからといって、会社をつくって人を雇い、それを大きくしていくという働き方でもない」ということになります。

◇高度な能力を武器に自分の意思で働くこと

もう少し、具体的に理解していただくために、三つの特徴をご説明します。ただ、これは学問的に定義されているわけではありません。

ひとつは、何を遂行するかについて自ら決定できる立場を確保しているということです。サラリーマンの場合は、たとえ自分がいやな仕事でも、上司から命令されればやらなければなりません。あるいは、会社から「君は明日からどこそこに異動しなさい」と言われれば、実質的に拒否はできません。しかし、ＩＣは毎回企業と契約して仕事をするものですから、その都度、自分でやりたくない仕事は拒否できるわけです。

二つ目は、実質的に個人単位で、期間と業務内容を規定した、請負、コンサルティング、または顧問契約などを、複数の企業や各種団体と締結するということです。ここで、「実質的に個人単位で」とありますが、たとえば僕の場合、実際には個人で仕事を受けていますが、形式上は有限会社・秋山進事務所という会社として契約しています。ただし、この有限会社には社員は僕しかいませんし、社員を増やすつもりもありません。ではなぜそうしているかというと、企業によっては個人とは契約しないと決められているところがあるからです。なお、ここで、契約先を複数持ち、かけもちしながら複数のプロジェクトを同時並行的に進めていく仕事のやり方をすることも特徴の一つです。このことにより、一社に依存せず独立したポジションを確保できるのです。

三つ目に、高度な専門性、業務遂行能力を有しているということです。

◇広がる活躍領域

では、ほかの働き方とはどう違うのでしょうか。一般には、正規雇用に対して非正規雇用というものがあります。この非正規雇用としてよく言われるのが、派遣、パート、契約社員ですが、ICはこうした人たちとどこが違うのかということです。図をご覧いただきたいのですが、縦軸は業務の密度、つまり、一つの業務に対して、その人が専任でフルタイムで働くだけの仕事量があるかどうかです。そんなに仕事量がなければパートタイム的にできるということになります。横軸は、必要とされる専門性、業務遂行能力の高さです。

この分け方に従って説明しますと、左の下側は「専門性はそれほど高くなく、仕事量もフルタイムの必要はない」場合で、これはパートタイマーが該当します。次に、「フルタイムは必要だが、専門性はそれほど要求されない」場合が一般的に言われる派遣社員や契

ほかの動き方との違い

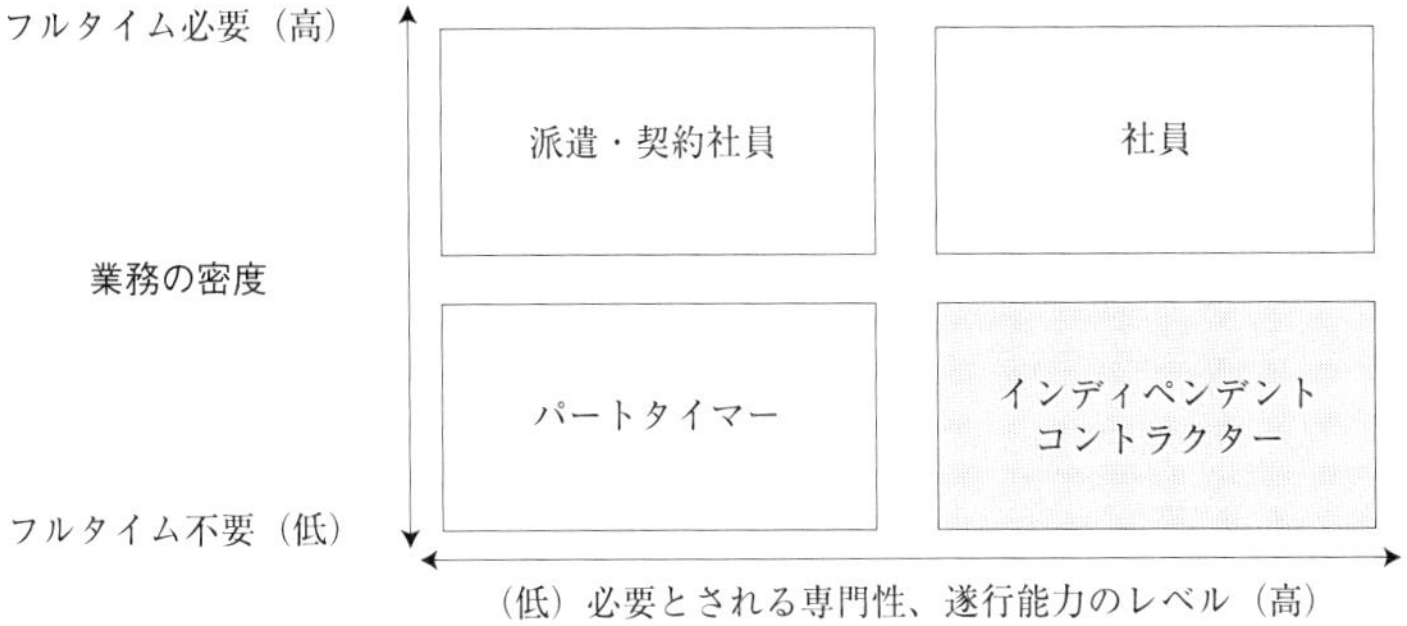

ＩＣを使うメリット、ＩＣになるメリット

■企業側のメリット

➢必要なときに、必要なだけ仕事を頼めばよい。

➢企業に発注するより安く済む。

■個人のメリット

➢時間的な自由が確保できる。

➢自分のやることを自分で決められる。

■好きな仕事だけをやりたい「職人志向」の人には適した働き方。

（出所）2004 Independent Contractors Association NPO

約社員が該当すると思います。ただ、最近はエグゼクティブやＣＦＯの派遣も出てきましたし、期間限定のプロフェッショナル契約社員というのも登場してきていますから、そういう場合はこの範疇から外れることになるとは思います。左側の「専門性が必要で、フルタイムも要求される」というのは、まさに正社員の領域になります。そして最後の「業務の密度はフルタイム必要ではないが、高度な専門性や業務遂行能力が要求される」のがＩＣということになるのです。

もちろん、このＩＣの部分は正社員に兼任でやらせるという考え方もあるのですが、経験や実績のない社員に兼任させたのでは、あまりよい成果は期待できません。それならば、外にいるプロに委託したほうが会社から見れば結果的に得をする、そういう考え方が広がってきたことで、ＩＣの活躍の場も広がってきたわけです。

では、具体的にどういう領域でいまＩＣが活躍しているのでしょうか。前章でも触れましたが、最も多いのはＩＴ業界です。あるいは研修や人材開発関係のプログラムづくりやトレーニングでも活躍される人が増えています。そのほか、ＩＳＯや株式公開などの申請に関わる業務や戦略系のコンサルティング、営業系で個人代理店的な業務、さらには人事、経理、生産管理、マーケティング、広報、企画などの領域へと、どんどん活躍の場が広がっています。ちなみに、よく日本にはＩＣはどのくらいいるのかと聞かれるのですが、現状はわからないというのが実情です。詳しくは後述しますが、アメリカの統計で八百五十万人超いると言われており、そこからすると、日本でも将来は百万人単位くらいになってもおかしくはないと言えるのではないかと思っています。

２　ＩＣという働き方を可能にした環境変化

◇ＩＴ化が広げた可能性

インディペンデント・コントラクターという働き方を実現させた条件がいくつかあると思います。ただし、これは僕が経験からまとめていることで、厳密に正しいことかどうかは検証の余地があります。

まず、ＩＴ化の進展です。複数の会社の仕事を同時に実行するような働き方ができるようになった背景としては、これが最も大きいと思います。かつては、コミュニケーションをするためには一つの場に集まらなければできなかったものが、いまでは、その多くはメールですませるし、ＴＶ電話や遠隔地会議なども安価でできるようになっています。

つまり、ITによって、いつでもどこでも誰とでもコミュニケーションがとれるようになったことがICの発生を下支えしていることは間違いありません。電話と違って、メールであれば、時間を気にせず好きな時に相手にメッセージを放り込んでおけるという利点があります。

ただ、ITについてそれよりもっと大きいと思えるポイントは、情報を集めるコストが飛躍的に下がったということです。ITのない時代は、海外企業はもちろん、国内でも、たとえば九州のある企業の情報を集めようとすると、とても個人では無理な話でした。会社の九州支社に電話をして、いろいろと聞くしかなかったのです。しかしいまは、インターネット上に豊富に情報があって、ある程度のことはすぐ調べられます。最近は、企業の決算書のようなものもきちんと整備されていますし、地方自治体などもかなりの情報を公開しています。調べようと思えば何でも載っているわけです。「2チャンネル」のようなところを覗けば、その会社で起こっている（かもしれないゴシップ的な）問題までわかります。

コミュニケーションがとれ、情報収集のコストも下げられるから、いままでは参加することが不可能だったプロジェクトもやれる。そうすると、力のある人は、必ずしも一つの会社の中にいなくてもよくなってきたわけです。

言ってみれば、個人が組織から離れて個人のまま生きられるようにしてくれたのです。

ともかくITというのは、本当に世の中を変えたと思います。

◇アウトソーシングの一般化が追い風

二つ目は、アウトソーシングが一般化してきたことです。

一九九〇年代に企業が本業への集中化を進めるなかで、必要だけれども自分は得意ではないもの、基幹業務ではないものをアウトソース化するようになりました。たとえば、コールセンターを自分のところには持たず、専門コールセンター運営会社に委託するわけです。この際には、エクスペクテーション、つまり相手に対して何を求めるかを明確化しなければなりません。ある業務の委託に対して、このぐらいのパフォーマンスを出してくれたらオーケーだけど、これを下回ったらお金は出せませんよと、そういうスタイルですね。会社の中の一部分を外注するという行為を通じて、はじめて、特定の機能・ファンクションに対して、きちんと期待値を数値化して明確化する、その基準に合わせて値段付けをするという文化が生まれたのです。

これまではどうだったかと言うと、社内ですから「こんな感じでやっておいて」という程度ですんでいた。「なあなあ」でよかったのですね。

こういった外注については、既に多くの企業が経験済みで、その結果、何でも囲い込んで自社でやらなければならないというようなタブーはなくなってきました。このアウトソーシング化の一般化のおかげで、ＩＣも仕事を得られやすくなってきたわけです。

◇崩壊する「正社員幻想」

三つ目に、正社員幻想の崩壊ということがあげられます。

「正社員というのは信頼できるものであり、身内の失態を外の人には言わない。会社の根幹にかかわる仕事をやろうという時には、やはりそこは社員の業務であり、外には出せませんよ」などと言っている会社でも、実際は重要なプロジェクトに関わる社員に転職されたり、インターネットの掲示板に様々な書き込みをされたりしているわけです。どんなに頑張っても会社は社員を止めることはできなくなりました。しかも、どんなに「同業他社、競合他社に転職するな」と言って転職時に誓約書を書かせても、せいぜい一年くらいしか拘束できません。実際に転職されるかどうかはともかく、社員であれば秘密は守れるという単純な構図は崩れたと言わざるを得ません。

この点、ＩＣであれば、契約年数やその内容について詳細な契約を交わすことができます。また、ＩＣとして働くうえでの信用問題にかかわってきますから、決められたことはきちんと守らなくてはならない環境にあります。それに比べれば、社員のほうが平気で会社を裏切れる環境にあるのです。

◇人的ネットワークが支える

もう一つ、これまでの日本にはなかなかなかったことですが、多くの人が転職することで人的ネットワークが重層化してきたことです。

リクルートのOBにICが多いのは、いわば「OBネットワーク・セーフティネット」とも言うべきものがあるからなのです。積極的に何かにチャレンジしている会社にはたいてい、リクルートのOBや、そのネットワークにからむ人がいます。だから、「自分はこんな仕事ができますからよろしく」とその人たちに声をかけ、先方の要望とこちらの要望が合えば、それなりの仕事を紹介してもらえることが多いのです。

もう一つありがたいことに、このネットワークの中に入っている人は、コミュニケーション行動が非常に盛んな人が多いという特徴があります。その人自身が、また沢山の人脈を持っているので、その関係からも人を紹介してもらえるのです。

僕達のNPOの顧問でもあるダニエル・ピンク氏の『フリーエージェント社会の到来』には、企業OBネットワークが出てきます。OBがいろいろなところに散っている会社の人間は、ICの仕事をするにしても、転職するにしても楽なのです。シリコンバレーなどは、この人的ネットワークが蜘蛛の巣のように張り巡らされています。あるいは、日本でも外資系ITや金融、コンサルティング会社などでは結構そうなっているようです。

ほかとつながるルートがあるというのは、ICをやる時にはすごく重要です。ただ、日本ではまだ一般的ではないのですね。リクルート・OBネットワークは業種を超えていろいろなところにつながっている点でも特殊な存在です。実際、日経ネットワークとか日立ネットワークというのはそれほど聞きませんでしょう。本当はもっと強くてもおかしくないと思っているのが銀行ネットワークです。銀行というのは、いろいろなところに人材を輩出していますよね。なぜあまり聞かないのでしょうか？

ただ、このネットワークに入っていれば誰でも仕事がもらえるというわけではないところが厳しいところです。実際に仕事を出していただけるかどうかは、ネットワークの中で自分がどのように評価されているかという評判によるところが大です。評判が悪い人は、あきらめるか、安い価格で始めるしかありません。「つながりつつも、シビアな評価にさらされる」というのが、このネットワークのおもしろいところです。

×　×　×　×　×

山田　契約概念と人的ネットワークというのは、一見矛盾しているように思うのですが。

秋山　そうでしょうか？

山田　一見、（ICとして）契約して仕事をしているというと、専門的な技能、どこでも通用する能力があって、それで仕事をやっているようなイメージが強いでしょう。でも、実はもっと重要なのは人的な関係ということだというわけでしょう。

秋山　いまお話を聞いていて、すごくおもしろいと思いました。僕は、矛盾しているとは思わないのです。というのも、仕事を進める時には、まず第一に何かをやってみようということになって、それを実現するためには人がいるという話になる。その際、全く知らない人を市場から調達してくるとなると、能力の面でも、相性の面でも、かなり大きなリスクを負うわけです。よく知っていて優秀な人がいれば、当然、そちらを優先しますよね。山田さんがおっしゃったのは、「契約」という感情を排除した非人間的な行為の中に「人脈」というきわめて人間的な行為が入ってくることに対するおもしろさの指摘だと思うのですが、それは経済学的な「期待値の高さ」で説明することになります。

山田　会社には契約ないわけです。本当はあるのだけど、日本の場合はね。

秋山　君は仲間だという包括契約を一つするだけ。あとは、内部のルールに従います、という。

山田　だんだん変わってきたかもしれませんが、それでも日本の会社の中は、契約がないわけです。だから、そういう中に契約ということが入っていくことに矛盾を感じたのです。

秋山　契約と言うと大げさですが、大まかな役割分担と納期、遂行の方法、報酬を決めるだけです。実際には社員が仕事をする際も、そのほとんどは上司との間で決めているのですね。ただ、違うところは、報酬額を決めることと次回の仕事があるとは限らないということくらいです。僕は、そんなに特別なものではないと思うのです。

ちょっと脱線しますけど、サッカーのJリーグと野球のメジャーリーグがもたらした意識変化は大きいと感じています。「オファー」という言葉がすっかり日本語になりました。「三年契約しました。移籍金はいくらです」——こういう表現はいままではありませんでしたでしょう。プロ野球選手の契約更改についても、以前は優秀な人はずっと残すけど、ダメな人はトレードで出される、そういう場というイメージで、まるで社長になれない人が関連会社や外の会社に出されるような感じでしたが、松井秀喜選手や松井稼頭央選手がメジャーに行ったように、選手の考え方も変わってきています。「エージェント」という言葉も日本語になった。最近驚いたことは、携帯電話のCMで、「二年契約を結んでくれたら安い値段をオファーします」というのが登場しました。こういう言葉がCMでポジティブに使われる時代になってきたということが衝撃的でした。かつて、ICの話をしても誰もわかってくれなかった時代とは大きく変わったなあと、すごく思っているのです。こういう社会の価値感の変化があって、はじめてICという働き方ができるようになったと。

山田　IC登場の背景は経済学的に説明がつきます。エコノミストという職業柄、コースの定理というのをイメージするのです。市場経済において資源の配分の仕方は二つあります（コースの定理は九三ページ参照）。一つは「市場」。もう一つは「企業」という資源の配分のメカニズム。なぜ、企業は発生するのか、市場で取引するにはいろいろなコストがかかる。情報をサーチするとか、契約の相手が信用できるかどうかを調べるとか、それにコストがかかるのだったら、企業内でコストの低い信用のできる内部の人を使いましょうということになった。ところがITというのは、市場取引のコストを下げるわけですね。サーチコストは下がるし、通信のコストも下がる。その結果、ICのような企業外の人に仕事を出すことの経済合理性が出てくる。もう一つ、アウトソースということですが、企業の資源配分を誰が決めているのかというと経営者です。昔は経営者が失敗するリスクは、いまより小さかったと思います。右肩上がりの経済でしたから。ところがいまは、成長が低く、社会のニーズは多様化してきている。ということはそれだけリスクを抱えているわけで、経営判断の失敗も多くなってくる。そうすると、できるだけ経営は小さく、余計なものは持たない経営をやったほうがいいわけです。一時的にだけ抱え込めばいいように、アウトソースなるものが出てきたわけですね。

秋山　そうそう。先ほどの人的ネットワークも、よく知っている人がいれば取引コストのうちサーチコストが下げられるわけです。コーディネーションコストも、会社に入ってから自由に動けるようになるまでの間、メンターのような人が一人ついて、その会社の中での仕事の方法論などをガイドしてくれると、成功する確率が大きく上がります。

山田　コースという人は、経済学者と言いながら、法的なところにも興味のあった人ですからね。それで底流の原理みたいなものは説明できるわけです。

秋山　要するに、経済的なメカニズムでＩＣの出現は説明できるのです。企業においても、その仕事が永遠にずっと頼まなければならない内容なら別ですが、そうでなければ、テンポラリーでやるとか、仕事量が少ないのなら、一人を社員として雇うより、その部分だけプロの人をちょっと使ったほうが安くつくということなのです。

山田　でも、これはどちらかと言うと、企業から見た話でしょう。ＩＣが増えてきた要因として、もうちょっと広くとらえると、働き手側の意識の変化というのがあるのではないですか。

3　誰もがなれるわけではない

◇ＩＣにはなれる仕事、なれない仕事がある

最近、注目されるようになったこともあって、インディペンデント・コントラクターと

いうのが会社の全ての業務で成立し得ると思うかと問われることも多いのですが、それは難しいと思います。

たとえば採用だと、採用の候補者選びまではできるけど、決定は社内の人になるでしょう。企画であれば、外部から新しいアイデアを持ち込んで計画を練るところまでは一緒にできますが、実行の部分はやはり内部の人間になります。つまり、会社固有のものの考え方、仕事のやり方について習熟しなくても、ある程度独立して実行できる部分に限られるのです。

そういう意味では、営業は結構やりやすいと思います。とくに、決まっている物を売るという営業なら。たとえば、アメリカでは営業のＩＣは多く、セールスレップと言われています。この場合、企業側から見れば固定費はできるだけ抑えたいから契約の形にして、売れたら売れた分、それに応じて報酬を払うようにしたい。一方、ＩＣとして担当するほうも、力さえあればサラリーマンでいるよりもずっと収入がよくなる。そういう構図なのですね。他の職種ではＩＳＯとか、株式の公開（ＩＰＯ）の提出書類の整備のプロの方といったことで、これは、必要な手続を覚えてしまうとどこの会社でも基本は同じで、本業とは独立した形で仕事が進められるので、ＩＣを使えるのですね。同じような意味で、研修の講師というのはほとんどＩＣです。しかも、一社専属ではなく、複数社の仕事をとって一年間まわしている人も結構います。ＩＴのエンジニア、ウェブマーケターなど、いろいろな仕事がＩＣによって遂行されています。

×　×　×　×　×

山田　1章でも紹介しましたが、かつて日経連が提案した新しい雇用システムでは、従来の日本的雇用システムは終身雇用・年功制という長期雇用を前提にしたものが基本だったけど、コスト削減の必要から非正規の雇用が増えてきた。そこで、「長期蓄積能力活用型グループ」と呼ぶこれまでの終身雇用、長期雇用に対応する部分を小さくしつつ、そこから内部昇進の最終的な経営者を出す。そして、そのまわりにホワイトカラー職人的部分を「高度専門能力活用型グループ」という形で新しく作り、さらに「雇用柔軟型グループ」という、いわゆる非正規雇用が入る。こういう三つのタイプで構成されるポートフォリオを考えています。ここではＩＣというのは、このまわりの「高度専門能力活用型グループ」のイメージですね。

秋山　それに近いかもしれません。既にそのような形で雇用ポートフォリオを組んでいる会社もあるようですね。ただ、東京と大阪では全然違うらしいです。会員の話や、大阪でやった説明会での感想などでは、大阪では、いまでも自社で全部抱え込んでいる雰囲気が強いようです。

山田　大阪は閉鎖的ということですか？

秋山　いや、東京と東京以外と言うほうがいいかもしれません。

山田　会社の大きさとかは関係なく？

秋山　関係ないようです。もともと中・小の会社は自分のところだけでは無理ですからどこかにまかせるしかありませんでしょう。むしろ大きいところは、何でも自社で抱え込みだったわけで、その切り離しのスピードがゆっくりしているということかもしれません。

山田　東京というのは、見方を変えれば地方の集合、地方の人たちの集合ですよね。だから「あ、うん」の呼吸で動くのでなく、ある程度のルールが必要な社会なわけで、それだけＩＣの存在を受け入れることができるということかもしれませんよね。

秋山　そういう意味では、アメリカはもともと移民の社会ですから、基本ルールのようなものを守ろうとするしかないわけで、ＩＣの存在も受け入れることができる。むしろ、できることはＩＣに任せろとなる。そして、核になる部分の人たちで、会社はどういう方向に向かうべきか、何をすべきか、何にどのくらいのエネルギーを注ぐのか決めてしまえばいい。あとは仕事の振り分けの結果、社員がやるか、外の人に頼むかを決めればいいということです。もちろん、コントラクターは契約でやっているわけだから、「仕事の切れ目が縁の切れ目」ということにもなるのですが……

山田　要するに、日本でも、企業そのもののアイデンティティを維持していくこと以外の業務はＩＣとしてできるということになると思うのですが、アメリカほど進んではいませんよね。終身雇用が崩れてきたとはいえ、ホワイトカラーに対するに厳しさが不十分で、なかなかリストラすることができないからなのでしょうか。

秋山　日本の大企業も、そこそこビジネスが堅調ならば、経営者が外国人になったらすごい利益を出せるようになります。これは外国人が優秀だと言っているのではありません。というのも、たいていの会社は、実際によく働いている人は従業員全体の半分くらいしかいないわけです。正直なところ、一部を除いて三分の一が明日やめても、それほど困らないでしょう。たとえば判断業務をする人はそれほど必要ないのに、たくさんの人がいる。多くの人を集めて、ムダな会議を毎日している。それでも結構なお給料をもらっている。これに対して、契約するということのすごいところは、毎回、毎回の契約で要るか要らないかお互いに話し合える場があるということです。日本の会社も最近は「契約ごっこ」をするところが多くなりましたが、本当に必要かどうかという視点で真剣に契約するようになったら、不要な人間がはっきりしてきて、結果として会社にはきっちりと利益が出るようになるということなのです。しかも、上に立つ人がきちんと判断できる人だけになったら、下の人間もいろんなプロジェクトに主体的に参加でき、力が伸びる。そう考えるのです。いままでは会社は家族であり、終身雇用があったから日本の会社は成功できたというのは本当なのでしょうか。

山田　雇用の流動化と終身雇用は対立する概念で考えられているけど、それは違うのですね。本当は日本も昔から、雇用は企業内で流動化していて、「適材適所」という言葉があるけど、入ってきた社員の適性を見極めて、ダメならほかの部署に出し、終身雇用ではあっても、内部ではポスト異動して、適所に適材が残っていった。しかし、いまは、大企業の中で新しいポストをつくることができず、流動化が止まってしまった。流動化をきちんとしないと、若い人の力は出せない。だから、単純に終身雇用が日本の会社を支えてきたというのは、間違いだと思うのです。

4　カギとなるモジュール化とデザインルール

◇IC的働き方を可能にしたモジュール化

秋山　ここはかなり専門的部分ですので、山田さんに説明してもらいましょう。

山田　最初に、インディペンデント・コントラクターを考えるときに非常に重要になるキーとしてのモジュール化の説明をしたいと思います。ここでは、モジュール化というのが実はICの登場を説明するときに非常に有力なツールになるという、その視点からお話しします。

そもそもモジュールとは一体何か。二〇〇二年に『モジュール化』という本が東洋経済新報社から出されていますが、その第1章に青木昌彦先生が明確な定義を書いておられます。それによれば、「モジュール化とは半自立的なサブシステムであって、他の同様のサブシステムと一定のルールに基づいて互いに連結することにより、より複雑なシステムまたはプロセスを構成するものである。そして一つの複雑なシステムまたはプロセスを一定の連結ルールに基づいて独立に設計され得る半自立的なサブシステムに分解することをモジュール化。ある連結ルールのもとで、独立に設計されるサブシステムを統合して複雑なシステムまたはプロセスを構成することをモジュアリティと言う」としています。

これから説明するうえでの私なりのポイントを二つあげておきますと、一つは「モジュールというのは独立に設計されるそれ自体複雑なシステムであるということ」です。ここで、それなりにかなり高度なものだということが重要です。もう一つが、秋山さんがずっと言われている話なのですが、「デザインルールの重要性」すなわち、「そのサブシステムであるモジュールを全体として機能させるための『連結ルール』というものがあらかじめ決められている」ということです。「連結ルール」という言い方については、ハーバード大学ビジネス・スクールの、クラークとボールドウィンが書いたモジュール化についての最初の体系的な本と言われる『デザインルール』（二〇〇〇年）のなかで、彼らはタイトル通りの「デザインルール」という言い方をしているのですね。単純にインターフェースだけくっつけていると言うよりも、内部にも関連しているところなので、おそらく「連結ルール」と言うより「デザインルール」と言ったほうが意味はより明確だと思います。

さらに、これはどういうことを意味しているのでしょうか。たとえば、複雑な一つのシステム全体である製品というものを考えてみます。そして、これをそれぞれがそれなりに高度な機能を持っているいくつかの部品にいったん分解する。これがモジュールですが、逆に言えば、それぞれの高度な部品をそれぞれ独立して製作できるということですね。あらかじめ「連結ルール」すなわち「デザインルール」が決まっていることで、後で比較的簡単に組み合わせて製品にすることができる。つまり、モジュール化で重要なポイントの一つは、高度で複雑な製品を非常に短期間で効率的につくることができるということです。

ここに着目すれば、なぜモジュールというものが注目されてきたかがわかると思います。いまの経営環境の変化のトレンドを考えてみますと、一つは、戦後の経済成長の成果として国民の生活水準が上がれば上がるほど、消費者のニーズは非常に高度で複雑なもの、あるいは移り変わりやすいものになってきたと言えることです。それから、二つ目として、ＩＴ化が進むと同時に、マーケットメカニズムが強くなってくるなかで、世の中の変化のスピードが非常に速くなっているわけです。その結果、高度な製品を速くつくるという要請が出てくるわけで、まさにこのモジュール化というものが、時代の要請に応える手段であるということがわかるわけです。

◇人材のモジュール化が雇用を変える

ここまでは、モジュール化そのものの、製品におけるモジュール化の話をしてきましたが、そこから連動して、人材という側面でもモジュール化が重要になってきます。たとえば、新商品や新規事業の開発を行うということを考えてみた場合、現在思案中の商品や事業を早く立ち上げようということになれば、その企業の中にはまさに新規事業ということで詳しい人はいないわけですから、内部で育成するには時間がかかります。当然、その分野の経験者や専門家を外部から獲得してくるのが早道になります。たとえばＩＴの世界はその典型で、技術とか彼ら自身の言語体系といった「デザインルール」はもともと存在していますから、いわば人材モジュールを外側からポッととってくることで、新しいビジネスをすぐに立ち上げることができます。日本でもそういう意味では、ＩＴ技術者の中にＩＣ的な働き方をする人は結構いますし、アメリカでも当然この分野で非常に増えています。

ところが、アメリカと日本で大きく変わってくるところがあります。日本ではＩＴ関連以外のホワイトカラーの分野のやり方というのが企業ごとに大きく異なるわけです。いわゆる「企業内特殊能力」というもので、ある一つの企業にずっといれば、誰にどういうことを聞けばすぐに仕事ができるか、誰に何を頼めばすぐにできるかという、そういう社内人脈も含めたその企業内だけに通じる特殊な能力が身につくということですね。このことは逆に、いわゆる「社会汎用的な能力」というのは身につかないということでもあります。

◇モジュール化を支えるデザインルール

これについてもう少し正確な言い方をすると、もともと日本では社会横断的な能力自体が明確に定義されていないということだと思います。もともとそういうものはあるのに、日本企業ではそうした能力が身につかない、というのではないのですね。別な言い方をすれば、日本にはこれまで人材活用面における「デザインルール」というものが社会的に存在していなかったわけですから、当然、社会の横断的な能力は明確ではないということです。実際、かつてはインディペンデント・コントラクターをはじめとした高度な技能を擁する外部の人材を重要なポストに就けるということが難しかったということです。

これに対してアメリカでは、ＩＣというものがより広い分野に広がっています。その背景には、もともと転職市場が発達していたということがあります。それによって、社会的に職務に対する「デザインルール」のようなものがもともと存在していたから、ＩＣ的な働き方が浸透したと言えると思います。

こうして見てくると、ポイントは、日本も最近は変化してきているということです。いわば、日本でも社会横断的な職業能力を定義しようという動き、ここの言葉で言うとデザインルール構築に向けたいろいろな形の社会経済のインフラが形成されてきているのではないのかということです。

たとえば一つの例として、会計分野では国際会計基準という存在が非常に大きくなってきています。これは財務会計の分野ですが、非常に高度で、しかも国際レベルで標準化されているような知識がないと業務ができなくなってきていますでしょう。もちろん、従来から社会的につくられた一定のルールに従ってやる分野なわけですが、ルールをより詳細に明確化する形で、まさに「デザインルール」が構築されはじめていると言えます。

あるいは最近大きくクローズアップされているコンプライアンスという領域。この分野は社会のルールに合わせて企業内のルールをつくっていこうという話ですから、こういうなかからも「デザインルール」のようなものが形成されてくると思います。

もっと人材面一般に近い領域でも変化が起こりつつあると思います。いわゆる成果主義というものがありますが、そのなかには二つの要素があって、一つは文字通り「短期的な成果に合わせて賃金を設定していこう」ということでしょう。これがもともとの意味なのだと思いますが、日本の場合はもう一つ、「ポストに合わせて処遇を決めていこう」という文脈でも使われています。実は、この考え方はまさにアメリカの職務主義の考え方であって、ポストに合わせて報酬を決める、報酬決定の透明性を上げようという話になりますと、当然その前に職務そのものを明確化していかないとだめという話になってきます。それによって、それぞれの職務に対する一定の「デザインルール」のようなものが少しずつ形成され始めてきているということです。

このように、「デザインルール」が構築されてきたことで、人材面でのモジュール化が進みやすくなってきているということが言えると思います。

◇コースの定理

次に、モジュール化の問題とコースの定理を総合して考えてみましょう。

まず、コースの定理とはそもそもどういうものか。ここで改めて説明しますと、「エコノミカ」という伝統ある学術雑誌に一九三七年に掲載されたロナルド・コースの「企業の本質」という論文の第2節に以下のことが書かれています。

コースは市場経済によってなぜ企業が存在するのかということを問いかけるわけですが、そもそも市場経済のもとでは資源配分あるいは効率的なものをつくる仕組みとして二つがあるというわけです。一つは市場から部品や材料を調達してものをつくるというやり方、もう一つは企業内でものをつくっていくというやり方です。ここで考えるのは、市場取引というのは実はコストがかかるということです。コースはまず「サーチコスト」ということを言っていまして、要は、ある商品をつくるときに、材料を買ってくる。そのときにその材料を売っている人はたくさんいて、それぞれ価格が違うわけです。当然、いちばん安いものを探そうとしますから、どこに安く売る人がいるかを探すのにコストがかかります。次に、相手が見つかった後、当然、契約をするわけです。スポット・スポットというケースもあるのでしょうが、少し長めの契約をしようということになると、今度は、供給してくれる人が信用できるかといったことについてのサーチが必要になります。そうして、いろいろ交渉しながらやっていくと、時間も含めた契約コストがかかります。ちなみに、コースがオリジナルで言っているのはこのへんまでで、これからお話しする「コーディネーションコスト」については、必ずしも明確には言っていません。

ともかく、要するにどういうことか。元に戻っていただいたほうがわかりやすいと思うのですが、市場取引におけるサーチコストや契約コストを払うよりも、企業の中でつくったほうがいいという判断が出てくるわけです。たとえば加工食品をつくる。トマトの缶詰をつくるときに、原料のトマトを安く調達するためにいろいろ農家を回って、しかもその農家の信用性を考えるよりは、自分のところでトマトをつくったほうが安いケースがあるわけです。企業内でトマトを栽培して企業内で加工するということです。

◇モジュールが「取引コスト」を劇的に下げる

　ところが、ここにモジュールという話が入ってくるとどうでしょうか。ポイントは、モジュール化によって市場取引にかかわるコストを下げるということ。企業内の取引コストとの関係を見たときに、以前は市場取引コストが高かったものを、モジュール化によってそうではない状況にしてしまう力を持っているということです。この点、コースは必ずしも言ってはいないのですが、市場取引コストが企業内の取引コストより高くなっている重要な理由として、企業の外部と企業の内部をつなぐ接続のためのコスト、いわゆる「コーディネーションコスト」が高いという問題が大きいのです。

　わかりやすく言うと、たとえば市場に良質で非常に安い部品があるとします。ところが、自社の設計フォーマットではそれを部品として使えないということになりますとどうでしょうか。パソコンをつくるときにいいCPUがあるのに、うちの商品にははめ込めない、つまりモジュール化できていないということになりますと、当然、使えないわけです。

　しかし、モジュール化が進み、その前提として「デザインルール」が形成されて、コーディネーションコストが大きく下がってくれば、当然、市場から調達できる製品や部品・サービスを使うことができるという状況が生まれてきますから、モジュール化が企業内部だけでものをつくるのではなく、外から人材なり部品を調達してつくれるような環境をつくるという話になるわけです。

◇モジュール化でなぜＩＣが注目されるのか

このように、マクロ的にモジュール化が促進されるような社会的ルールができるとＩＣの活用が進んでいくという話なのですが、一方で、ミクロ的に、ＩＣがなぜモジュール化によって仕事ができるようになるかということを説明してみましょう。

会社組織には部や課があります。いま、それぞれのセクションで基本的には仕事を完結して何でもやれるようになっていれば、もともとの組織というのはモジュール化されてできているはずなのですね。そこではきちんとしたストラテジーがあって、それに対する役割分担が決められて各ユニットが動いていく。問題が起こったときにも、基本ルールに則って各ユニットを統括する意思決定者がきちんと判断するためのガイドライン、いわば「デザインルール」が決められていて、部門・ユニット間の調整が行われるわけです。ところが一般に日本企業の場合は、それが決まって動いているという感じではない。Ａの課の人とＢの課の人はふだんからすごくコミュニケーションをとっていて、お互い調整しながらやっているので、問題が起こったときにも、自動的に高い調整能力が発揮され、わざわざ上に判断を仰がなくてもやれるというすばらしさがあるのですね。

ただ、そういうやり方では、ふだんからお互いにやりとりをしてインタラクションをしていない者は、その輪の中に入ることができません。だから、こういう会社にはＩＣは入ることができないのです。

一方、外資系には比較的すんなりＩＣは入れます。それは、もともと部門間のインタラクションが弱いからなのです。その代わり、先ほど申したようにきちんとしたグランドストラテジーがあって、それに対する役割が決められており、各事業部門長のミッションはこれ、何かあったときは上に上げて、常にそこで調整されるという形になっているからで、もともとはめ込み型の、モジュール化に適した組織体系になっているのです。

ＩＣ活用に欠かせないモジュール化とデザインルール

秋山　ＩＣ活用における一つの問題は、モジュールはデザインルールがきちんと決まっていないとうまく機能しないということです。この点、日本企業はまだモジュール化、デザインルールのその両面の決定に弱い面があります。
なぜ、それが必要かというと、モジュール化がはっきりしていて、ルール化がきちんとできていれば、ＩＣに限りませんが、外部の人や組織に、あるプロジェクトや業務フローの特定部分だけを委託することができるのです。しかし現状は、それをきちんと仕切れるような人は残念ながらなかなかいないのですね。つまり結局、いまの段階では、かなりの力量のある個人がプロジェクトを仕切る場合にしか、ICをうまく使いこなすことができないのです。

山田　ただ、環境としてはそちらの方向に向かいつつありますよ。たとえば人事の仕事はどうでしょうか。それに、もともと結構汎用性があるでしょう。

秋山　固有名詞の部分、つまり、「うちの会社にどういう人がいて…」という部分以外はそうかもしれませんね。具体的には、給与計算とか、スキルの教育など。

山田　人事の人は社外で意見交換も結構していますよね。あるいは会計。このところ制度（財務）会計の世界はどんどん複雑になってきていて、しかも標準化されてきていますから、経理の仕事も可能だと思います。

秋山　財務会計はそうですけど、管理会計は難しいですよね。会社ごとのルールやり方が相当違いますから。ともかく、いろいろなところに可能性はあります。大事なことは、最新の知識を含め、それぞれに何が必要か、早い段階でマスターしておくことだと思います。いつでも、即、活躍できるというのが大事なのですね。ICには猶予期間がほとんどないのですから。そういう意味からも、モジュールというのはとても大事で、「この枠の中はあなたが好きにやっていいですよ」というふうになっていないとうまく行かない場合が多いです。

◇日本でも進む環境整備

秋山　先ほどのマクロレベルの話の関連で言うと、もともとは会社ごとにルールが違うのですが、会計やＩＴのように共通する基本ルールが決まってくると、個々の会社はリスクヘッジができるのです。パソコンにしても、たとえば全てのパーツを完全に自社開発で全部を統合するような形でビジネスをやるとすれば、自分たちのつくったＭＰＵの性能が劣っていても使わざるを得ないわけで、それが製品のボトルネックになる可能性があります。ところが、一つの社会的に認められたルールに則って開発しておけば、自社開発したものがだめなら、他社のものを持ってきたらいいと。そういうリスクヘッジができるのです。

これが会社レベルで見たときのモジュール化のすばらしい点なのですね。

山田　その点はコースも実は言っています。市場を使う場合と企業でやる場合を比較して、最初は市場にはコストがかかるという議論をしているのですが、後のほうで企業内でやる場合にも当然コストが存在するというわけですね。二つのポイントを言っているのですが、一つは当然、組織が大きくなればなるほど、いろいろな調整のコストがかかるのであまり大きくなれませんねということ。もう一つは、大きくなっていろいろな生産設備とか生産要素をたくさん持つと、企業家が失敗するリスクが高まるからあまり持てないのだと。いまの話はそれと似ていると思うのです。変化が激しくなると、企業内部にあまり持ちすぎると企業内取引に必要なコストが上がってくるので、企業組織そのものも小さくして、むしろモジュールを使おうというインセンティブも働く。経済学的に言うとそういう話です。

秋山　最初の組織の話に戻りますが、もともと外国企業の場合は部門のトップに相当大きな権限、つまり、部門の下にいるマネジャーをクビにできるような権限を与えているのです。生産と営業といった全然性格の違う業務で、かつその道のスペシャリストを束ねるときに、「いろいろ意見は言ってもいいけど、最後はおれの言うことを聞け」という強制力を持たせておかないと、ビジネスの遂行がとても難しいからなのです。

一方、日本の場合は、異なる業務の間を異動させて、スペシャリティは落ちても、お互いの間のものの考え方とか感じ方、仕事の仕方といったものを共通化させていけるように、コーディネーションコストを下げる工夫をしてきたのです。そういう面で見ると、実は日本企業も、とても合理的にやってきたのです。

山田　内部ではね。

秋山　内部の会社としての完結型で見るとそうですよね。全部内部完結型でやるのであれば、技術部長がいきなり営業部長になるというのをやってもいいと思うのです。それは一つの戦略ですから。

山田　モジュールに対するインテグラルですよね。典型例は自動車で、結構、東京大学の藤本隆宏先生の言う「すり合わせ型」（専用に最適に設計された部品を、綿密に相互に調整しながら結合し、トータルで高い性能が発揮されるタイプの）製品が日本は強いのです。

秋山　なるほどね。

山田　しかも、自動車特有の機械のようなものも多いのでしょうね。だから比較的閉じたなかでコーディネーションコストを下げていって、いい製品をつくっていくというのは乗りやすい。ところが、IT革新でエレクトロニクスは大きく変わってしまっているわけですね。だからこそ、この数年間は自動車はいいけれども、エレクトロニクスは落ちたということになってしまった。ただ、「すり合わせ型」の性格が強いデジタル家電分野では少し持ち直しているようですが。

秋山　僕は新規事業開発の仕事をやっているのですが、この仕事は途中まで出島（モジュール方式）でできるのです。各部などから代表選手が出てきてプロジェクトをつくって、こもって仕事をすることになります。ところがだんだん軌道に乗り始めると、会社本体との間の接続が必要になります。そうなると、その接続をコーディネートできる人は、会社内部の仕組みがわかっていなければ無理です。外部の僕のような人間は、戦略をつくったり、試作品ができて、ゴーの手前くらいまでは入れますけど、実際につくり始めるところになると終わりです。会社とのやりとりが発生して本業化していくので、その頃にはＩＣは中のメンバーとしては仕事ができません。少し寂しさも感じますが、それはそれとして割り切れる人がＩＣに向いているのだと思います。

5　ＩＣが日本の会社を強くする?

◇ＩＣが経営のムダを排す

日本企業、日本の経営についていつも思ってきたことなのですが、よくなったとは言われても、さらに意思決定の機能をシンプルにする必要があります。そうすれば、若い人たちはもっとプロジェクトに参加して仕事ができるようになる。部長、次長という人が、何人もいる必要はない。仕事のできない人間をポスト上担当者とする必要はないのです。先輩だからと中途半端にたてて、会議での意思決定をさせていたりするのはもうやめにしましょう。

ムダな議論をして、時間ばかりがかかる――そう思っている人は多いはずです。それをやめれば、二倍の量のプロジェクトができるはずで、その分、若い人にもチャンスがまわってくるということですし、若い時にプロジェクトをこなせる機会に恵まれなければ、本当の意味でビジネスができるようにはならないのです。下手な選手でも長期間チームにいれば試合に出すというのでは、有望な若手は来ないし、たとえ入っても伸びないと思うのです。

極論ですが、新卒の採用にしても、最初は有期雇用契約や派遣のような形で終わりがあるかもしれないことを明確にし、「パシリ」のようなことでも何でも実際に経験させて、やる気があって優秀だったら残していけばいい。そうやって厳しさを持たせるわけにはいかないのでしょうか。

◇「会社ごっこ」はもうやめよう

どんなに優秀な人でも、常にちゃんとした仕事をしてないとボケてくるものです。フットワークも悪くなる。本人はそうなりたくないのに、結果として飼い殺しにして、仕事をさせないのではかわいそうだと思いますし、一方で、個人は個人で最後までどうやって生き残ろうかということしか考えなくなるのです。それならこれまでの功績に対して未払い分を上乗せした持参金を多く払って辞めてもらったほうがいいのではないでしょうか。

そこで、いつも成果を厳しく問われるＩＣがスポットを浴びるわけですが、そうでなくても、会社が自社の社員に対してもう一度契約し直すということもありだと思います。内容によっては、自社だけでなく、他社と契約をしてもいいということだってあり得ると思うのです。

いまは少し景気がよくなっていても、日本の会社はこれから継続的に厳しい経営環境の中で戦っていかなければいけない。中国企業とも戦わなければならない。そのためには、「会社ごっこ」などしている場合ではなく、真剣に利益をあげる構造にしていかなければいけないのです。そのために、ＩＣという存在が投げかけるものは大きいと思っています。

× × × × ×

山田　秋山さんはかつて、ビジネスをうまくやるには、効率化は大前提だけど、一方で遊びも必要だと言っていましたよね。

秋山　以前に仕事をしていたアメリカ企業グループは賢かったですね。内部は徹底的に効率化しているから、そこからは遊びは生まれてきません。でも、お金は集まってきます。その内部のムダは非常に少なく、役員自身もよく働くから、その分の経費も浮いてきます。それで、上がった利益で次の会社を買うのです。

山田　アメリカの大企業は儲けにどん欲ですよね。金を増やすことだけ一生懸命考えているようなところがある。一方、シリコンバレーなどのベンチャーは、金をもらえるのはいいことだけど、それよりも仕事そのものがおもしろい。新しいものをつくって、社会にインパクトを与えたい。そういう人たちが多い。

秋山　そう。しかもそういう人たちのお金のめんどうを見る人がまたいる。

山田　日本の場合は、それが渾然一体となっていますよね。中途半端に削減して、新しいおもしろいところにお金を出そうということは、あまりしません。この点、秋山さんはアメリカのようにしないといけないと思っているのでしょうか？

秋山　僕は大企業の中で遊びの部分もあって、共存してやっていくのもいいと思うのです。僕が働いていたときのリクルートはそうでした。

山田　リクルートは何かを生み出す遊びの部分と、効率化の部分はどうなっているの？

秋山　もう辞めて七年も経っていますから、いまのことはよくわかりません。昔は人材は二重管理されていました。僕たちみたいな企画系は最も出世はしないけど結構遊ばせてもらえたのですね。お金を自由に使わせてくれたのです。その代わり会社の中にははっきりした序列があって、営業が一番エライ。営業マンには褒賞金はつくし給料もいいし、出世も早かったのです。スタッフにいくほど、給料も安いし、出世も遅いという仕組みです。でも、一方で、スタッフの中で新事業などをつくったりする人は、「やりたい」と言えばかなりの額を自由に使わせてくれるのです。しかも、それをネタに本を書いたりしても怒られない。営業マンには本を書く暇なんかない。徹底的に売上を上げて、会社内では評価されて出世するという仕組みになっていた。しかも、お互いに尊敬し合えていたような気がします。

山田　それは、アメリカのようにわかりやすい仕組みではないけど、現場には高い給料払って序例も上という意識を持たせながら、一方では、何かを生み出す人たちには余裕を持たせるという仕組み。

秋山　会社の中の序例といったものは現場の人が優先されて、僕らのようなスタッフはラインに仕えろというふうに指導されるわけですが、一方で、別なところに僕たちの楽しみはあったということです。

6　ＩＣは日本に根付くか？

◇ＩＣ化する正社員

山田　ここに、先ほどの秋山さんの言われた条件とは別の視点から、日本の社会でもＩＣが根付く環境ができてくるのではないかということで、三つの側面をとらえてみました。

一つ目は、正社員のＩＣ化です。

いま、日本全体にいわゆる成果主義の考え方が取り入れられて、仕事基準や業績基準で報酬を決めていこうというトレンドがありますよね。この点、ＩＣというのは究極の成果主義そのものでしょう。やった仕事が評価されていかないと、次の仕事はできない。そういう意味で、徹底した成果主義と言うことができると思うのです。したがって、企業内における成果主義というのは、擬似的なＩＣ化と言えるのではないかということです。

また、雇用の継続という観点からはどうでしょうか。終身雇用というものを考えてみると、もともと昔から比較的長期の雇用というのはありましたが、必ずしも保障されたものではなくて、いまはそれがはっきりしてきました。結局、個人は、エンプロイアビリティ（企業に雇ってもらうのに必要な仕事上の能力）を身につけろと言われるわけです。この点で見ると、ＩＣはどこでも通用するものがあるということで、結局、企業内で働く人にもそういうものが求められてきていることになります。

つまり、雇用の継続性の面でもＩＣ化は進んでいるということです。従来、正社員にはさまざまなメリットがあるとされてきました。しかし、年金の分野一つをとっても、企業年金制度は崩れてきているし、厚生年金だってどうなるかわからない。そうなると、年金の分野での正社員としてのメリットは大幅に低下してきます。一方で、一部の企業では、退職金の前払い制度というものを導入し始めました。これらはそのままIC化とまでは言えないかもしれませんが、かなり正社員の置かれた状況とICとが近寄ってきているのではないかと思うのです。

◇ホワイトカラーの業務をICが担う

二つ目は、企業内でホワイトカラーが担ってきた業務が、ICによって担われるという環境に変わってきているということです。企業内業務のプロジェクト化が進んできており、新規のビジネスをするときなど、プロジェクト・ベースの仕事が増えてきました。

結果として、たいていの業務は、プロジェクトとして外に出せるようになるわけです。また、ITが発達することによって、仕事が個人ベースで進められるようになったというのもあります。最終的にはチームでやるようなことでも、途中段階では割り振って個人ベースでパソコンに向かってやれる。モジュール化のお話をしましたが、渾然一体としてやっていたことが部品化されてできるようになって、一部の部品については外部の人が請け負うこともできるということです。

三つ目は、個人の側から見た考え方ですが、高齢化が進みICのような働き方に魅力が出てきているのではないでしょうか。もちろんそれだけの力がないとダメですが、ＩＣには定年がないし、時間も自分でコントロールできる。もう一つの側面として、共働きが一般化してきたことで、ＩＣという働き方の選択もしやすくなったと言えるかもしれません。

◇ＩＣになる動機

秋山　さて、ＩＣがこれから先沢山出てきてもおかしくはないのですが、ＩＣになりたいと思うきっかけは何なのでしょうか。経済産業省がやっている創業支援のドリームゲイトの事務局の方に聞いた話ですが、創業の目的が、男と女で傾向が分かれるというのです。男の人は何かをやりたいということより、まず、一国一城の主になりたいということが大きいそうです。ですからまず、オフィスはどこにするかということにこだわる。一方、女の人の場合は自分のやりたいことがあって、それをやろうと思ったら社員でいるより独立したほうがいいと、会社辞めていつのまにか始めましたという感じなのだそうです。男の場合は会社のなかで上司との確執のようなものがあって、自分だけの名刺を持ちたいという自己顕示欲が現れ、女の場合は、ファンシーグッズが好きだから気がついたらファンシーグッズのデザイナーやっていたという感じなのですね。ＩＣの場合、皆がそうではありませんが、創業における女性の傾向、すなわち仕事へのこだわりがＩＣを選択させることが多いような気がします。

山田　男女の差というのはおもしろいですね。ただ、もし女性の場合が仕事そのものに対する自分の内向的な満足感がベースになっているとすれば、必ずしもＩＣである必要はないと言えますよね。派遣のような形態を選ぶ可能性は高いと思うのです。やはり、男性のほうがＩＣなのかなと思いますね。

企業側の考え方が変化するなかで、日経連の出した雇用ポートフォリオの話（六一ページ）がありましたよね。先ほどの私の条件的な話と秋山さんの個人のインセンティブに関わる話をミックスするとどうでしょうか。企業側は年金などの問題からＩＣを採用していきたいと考え始める。そのなかで、人材ポートフォリオとして最適な雇用形態というのはいろいろあるはずでしょう。内部でやるべきものもあるし、ＩＣと二、三年契約して新規事業を立ち上げてもらうほうがいいこともある。

秋山　日経連の考えていることは、たしかにこの通りになっていくのだと思います。ただ、一番（長期蓄積能力活用型）がえらくて、二番（高度専門能力活用型）はスポットで借りてきて、三番（雇用柔軟型）はどうでもいい、そんな印象がありますよね。

山田　同感です。発想のなかに既に序列がありますし、不十分なところもある。有能な人材はお互いに引き抜き合戦が始まるだろうし、同じ「長期蓄積能力活用型」と言っても、マネジャーも含め専門部門の基幹業務を行う人と、経営を担う人とは違うでしょう。アメリカで、ジェネラリストといわれる人たちは、人事のジェネラリスト、経理のジェネラリストとして存在し、一方でハイポテンシャルといわれる人たちは、経営者になるべく早くから選抜されていくわけでしょう。

秋山　でも、日本では特権グループのイメージではないし、専門職は少し落ちる感じですよね。

山田　実際は業種によりかなり差があると思うのです。たとえば、「すり合わせ型」製造業の代表である自動車業界では、コアとなる長期雇用者が重要であり、日経連のイメージでやっていけるでしょう。同様に、その他の「すり合わせ型」の製造業分野でも、日経連の考え方で競争力を回復できると思います。

ただし、雇用のシェアでいくと、製造業はどこの国でも小さくなっていて、せいぜい二割強くらいですし、これからもっと小さくなるでしょう。ギャップ・ジャパンの人事部長である中島豊さんという方が、「現場販売職の九割以上が非正規社員であり、その人材のやる気をどう高め、どう活用するか」というテーマについて書かれた本がありますが、小売業などでは現場の人が大事ですよね。お客にとっては経営者ではなく、現場の接客スタッフが大切でしょう。その人のサービスを見て、ギャップだと思ったり、ユニクロだと思ったりするわけでしょう。彼らをどう生かすかがとても大切になってくるわけです。

秋山　野球もサッカーも、生え抜きが中心となっているチームと、外から集めてつくったチームと、どちらも成立するように、企業においてもどちらがベターなのかはわかりません。ただ、ここで日経連が言っていることは、強いチームというのは、核となる人たちが長期雇用でずーっといて、そのチームの最も強い部分を担っている。そこに足の速い人、力の強い人というふうに、パーツの部品を入れ替えてさらにチームをレベルアップさせていくというところです。だから、一番のチームの核になる人たちと、二番目のスペシャリストと、三番目にその時に応じてサポートメンバーとして入る人たちということになるのだと思います。

山田　やはり一番目の人たちがウエイトを占めていると思いますか。

秋山　いま、たとえば人事部門や経理部門など会社の諸機能を分離して別会社にし、ほかの会社の仕事も受けるようにしている会社もありますよね。従来の会社という概念自体が変わってきています。なぜそんなことをするかと言うと、会社のなかにいわゆる窓際、重要でない部門をつくると、そこにまわされた人間は腐ってしまいます。しかし、これを別会社にし専門性を上げてもらうようにすると窓際という意識がなくなって、一定の領域のプロになろうと努力しますから、仕事のレベルもあがるのです。結果として生産性もあがるはずだということだと思います。そうなると、他社からも仕事をとってこようかということになり、動きもよくなるというメカニズムです。そういうのがどんどん出てきているわけですよ。そんななかで、この日経連の三分類はどうやればいいのでしょうという疑問が出てくるのです。

山田　これについて、私なりに批判的に見ながら、将来こうなるべきではないかということを考えてみますと、現在は終身雇用を前提とした正社員と、周辺業務を行う非正規社員という形でしょう。それがいわゆる正社員が企業のマネジメントを担う「コア人材」と、特定職務における企業の高度な内部業務を担う「プロフェッショナル正社員」に分かれる。そして非正規社員も全てが単純・周辺業務をやるのではなく、外注化できる高度な専門業務を担うＩＣや契約社員の「プロフェッショナル非正社員」と専門的な支援業務、現場業務を担当する派遣社員とかアウトソーシングの従業員である「アウトソーシング型ワーカー」が並存する。日経連では三重構造の序列がイメージされるわけですが、ここでは並列で機能的に四つのタイプに分類し直したのです。

秋山　「コア人材」の人、つまり経営職の人が会社から追い出されたらどうなるのでしょう？　「プロフェッショナル正社員」の人はいいですよね。専門職なのですから。

山田　「コア人材」の人というのは、経営職の人ですから、まさに、どこかに異動になっても建て直しのできる人ということではないですか。

秋山　しかし、たとえば新卒で入って、その後ずーっと長期雇用でいたら、社外でも使えるようになるのでしょうか？

山田　アメリカのようにトレーニングを積むということでしょう。子会社の経営をやったり、若いうちから部門長をやるとか。

秋山　たしかに一定数の人はできると思いますけど、それまでに、実際にはどんなことをやるのでしょうかね。営業をやったり製造をやったりと、最初からあちこちまわるのかな。

山田　そうでしょう。

秋山　そんなやり方だと、これまでの日本企業と同じで、経営職として育つのは難しいのでは？

山田　だから、三十歳くらいで、子会社の役員をやらせるとか……。ともかく、経営というのは一つのプロフェッショナルでしょう。

秋山　それはそうですが、でも、それが何人いるのってことでしょう。

山田　きわめて少ないと思います。

秋山　これは大卒がエリート社員だった戦前の日本のモデルに近いと言えますかね。

山田　いまのいわゆる正社員というのは、多くが「プロフェッショナル正社員」の人たちになるのだと思います。この人たちが専門性を追求する一方、ほんの一部の人が「コア人材」になるというイメージ。もちろん業種によって違いますが。

7　「超エリート」はＩＣには向かない

◇「何でもできる」が「何もできない」人々

秋山　日経連の言う「長期蓄積能力活用型」の人たちは企業内での特殊能力が高まっていることになりますから、外の会社に行った時にはかえって大変だと思います。

実は、ＩＣとしてやっていこうという場合には、会社内でのエリートより、言葉が適切ではないかもしれませんがセカンドエリートの人たちのほうがいいのです。たとえば、企画部門などにいる人はたいてい会社のトップエリートですが、そういう人はたいへん優秀で「何でもできる」のですが、一方では「何にもできない」とも言えるのですね。コンセプトレベルではたいていのことは把握していても、実務レベルで細かいスキルまで持っていることがほとんどないわけです。

企業が仕事を出したいと思うのは、実務レベルまできちんと実行できる人なので、ＩＣとして成功しやすいのは実務家として信頼されている二〜三番手くらいのエリートということになります。具体的には、人事部で人事企画全体をやっている人よりも、採用や教育だけを一筋にやっているような人のほうがいい。会社の中でトップと評価される人より、専門的な職に就いている人ということです。そうして自分のやってきた部分だけをとりだして、「自分はその道のプロですから」と言えるような人のほうが独立できるし、独立した後もマーケット的に価値があるのです。

◇新しいアイデアは社内だけからは生まれない

企業はこれから、従業員に対して「ＩＣになれる資質を身につけろ」と言うようになるかもしれません。もしそういう方向で行くなら、企業側も考え方を変えなければいけないと思います。これまでのように、社内内部のコミュニケーションコストを下げるためのセクション間異動を続けていたのでは、当人の専門性はどんどん下がっていきます。そういうやり方をやめて、専門家を使いこなす経営のプロをつくって、そこで戦略をきちんとつくり、それに応じて組織をつくり、人をはめこんでいき、報酬システムもきちんとマーケットに合わせたものにしていかなければなりません。

もう一方のやり方は、従来の日本的な組織運営スタイルで社内のコミュニケーションコストを最少化するもので、ローテーションなどを多用しながら、ジェネラリストをつくり、コミュニケーションのムダを省いていくやり方です。一番失敗しやすいのは、どっちつかずの中途半端な選択をすることではないでしょうか。

日本の社会は、企業はいま、生き残りのための選択を迫られているはずです。経済全体の成長が限られてくるなかで、既にできたものを改善していくプロセスはうまくできても、新しくマーケットをつくっていくということは難しくなっています。新しいマーケットを拓くような斬新なアイデアは、社内の同じ人たちだけで集まってやっていたのではなかなか出てこないでしょう。

このことは逆に、外からのアイデアを上手に取り入れていけば、新しいモノを製品化することができるということです。外から持ち込まれたものと中にある技術などを上手く接続することで、価値が発生するのだと思います。

×　×　×　×　×

山田　いままでの考え方では、非正規社員には、頭はいらないから手だけ貸してくれという感じでしたが、これからは頭の部分も外から借りてしまおうということですね。

秋山　そうです。そして会社はブランド管理人になる。

山田　企業内特殊機能ばかり高めてきた同質の集団をちょっと小さめにして、積極的に外を使うということですよね。でも、外部のアイデアを持っている人たちは、どうやってそういう技能を身につけることができるのでしょう？　たとえば、秋山さんがこういうふうにできた理由として、最初にリクルートという会社があったからでしょう。これからは、中期雇用的なものを生かしてある程度の人材に育ててから外に出すというふうにしなければば、そういう人は育たなくなりますよね。

秋山　そうですね。若い時はコストが安いから会社に雇ってもらって、そのときに、高度専門能力活用型になるのか、社内に残ってエリートとしてやるのかを選択するか、あるいは、何となく分かれていくかってことではないですか。

山田　中期雇用というか、七、八年は企業に入って専門性、コアスキルを身につけて、そのあと、コア人材になる人ならそのまま残っていけばいいし、あるいはＩＣや転職してもいいというイメージになっていくのがいいのでしょうね。いまの日本的なものを生かしながら、かつ、外部のＩＣ型の人たちを使いながらいけば、企業にとってはすごくいいわけです。コストも低くできますしね。

8　理想のＩＣは柳想鉄選手

◇直感的に相手の会社のことがわかるか

あまり強調されていませんが、一つ、ＩＣになるために重要な能力があります。その会社に独特なものの考え方や、内部にどういうリソースがあるかとか、どういう経路で意思決定が行われるかなど、仕事を進めて行くうえで重要なことを、すばやく把握する能力です。

ＩＣとしてうまく機能していくためには、直感的に相手の会社のことが見抜けないとダメなのです。

この点で、見本とも言える存在が、サッカーＪリーグの横浜マリノスの選手で韓国代表でもある柳想鉄という選手です。チームの戦術、試合の流れ、自分の必要とされている動きなどを、直感的に理解してしまう。状況把握能力が高く、どのチームに入ってもすぐに機能することができます。最近の流行で、どこでも通用する能力、プロフェッショナリティとかいう言葉が使われますが、企画部長として優秀と言われた人でも、結局は別の会社では使いものにならなかったというのはよくあるケースです。周囲がどういうものを期待しているのかをつかむ能力が必要なのですね。周りの雰囲気をよく汲み取って、全体の中で期待されている仕事をやっていくということが大きな条件になる。企業、組織の中でも同じことです。

◇会社には独特の言語がある

余談になりますが、僕は、野球よりサッカーのほうが相互依存関係が強いと思います。野球というのはピッチャーが投げて、打てばいい。守りといってもそれほどフォーメーションが多いわけではないから、いくつかのサインプレーを覚えればいい。一方、サッカーの場合は、周りの中で自分がどういうふうに動けばいいのか、絶えず状況が変わるので、その関係を把握するのが非常に難しいのです。すごく力量のある選手でも、移籍したら、新しいチームでは全然うまくいかない場合もありますよね。これと同じで、どこの会社にも通用するということは、すごく大変なことなのです。その会社と周りとの間の役割、期待関係をどのようにとり結ぶかということを、最初にきちんと判断できなければ成功できません。

これは僕の友人から聞いた話ですが、デリバティブ関係の仕事をしている人がいて、ヘッドハンティングで何度も異動した経歴があって、いまはあるメーカーで天候デリバティブ関連の仕事をしている。その最中なのにもう、次のオファーがきているという。その人が、「自分の能力で会社を渡り歩いている」ように言われるけど、実はうまく行かせるためにはすごい労力が必要で、とりわけその会社の言語をすぐに自分のものとして理解して使えるようになれるかどうかで、全然結果が違ってきてしまうのだということを言っていたそうです。金融という同じジャンルの世界にいても、会社によって言語が全然違う。しかも、意思決定のキーマンが誰なのかすぐわからないと、ヘッドハンティングされていっても、「お前は使えない」と言われてしまう。そういう話でしたが、まさに同じなのです。

僕がはじめて会社を変わってセガに行ったときでも、最初の会議で、「ロケのインカムがあがってないから、売上が伸びない」と言われて、全然意味がわからなかった。ロケというのはゲームセンターの一つひとつの個店のことで、インカムというのは個人が投入するお金のこと、ゲーム機械をいくら買ってくれるかどうかが売上のことだったのですね。そういうことを理解できないと、もうカヤの外。議論についていけないから、「あなたは誰？」ということになってしまう。

要するに、会社というチームに参加するわけですから、そこですぐに馴染むには、その会社の言語体系をわからないとダメです。

◇どんな場合にもすぐに結果を求められるのがＩＣ

それから、契約の仕方にもよりますが、社史のようなものを読んで、事実ベースで昔からのことを勉強しておく必要もあります。あるいは、数字も大切です。そこの会社の売上とコスト構造を把握して、利益が上がるためのメカニズムを頭の中で理解しておくこと。その会社の限界利益率や重要な固定費が何で、それをどれだけ下げたら利益が上がるかなど、その辺の「感覚値」というものを前もって勉強していかないと、結局、何かあったとき会議についていけなくなります。と言うのも、そこにいる人たちというのは、たいていそういうメカニズムは前提として知っている、当たり前の知識として会議は進んでいきますから。

ＩＣは、どんな場合でも、結果をすぐに出せなければいけません。つまり、最初の一試合目か二試合目で点を取れなければダメ。すぐにはっきりわかる成果を求められるのです。ただ、こういう会議の場合で面白いことも経験してきました。「この会社の三年前のＰ／Ｌ（損益計算書）はこうでしたよね」などと、具体的にこちらから言うと、相手側は細かいことまでは覚えていませんから、こちら側がリーダーシップをとることができるのです。社史もきちんと把握していると、こちらのほうが部分的に知識が上回ったりすることもあります。「勉強したんですけども、まちがっていたらごめんなさい」くらいのことを言ってコミュニケーションをとると、相手のほうもこちらを見る目が違ってきます。

×　×　×　×　×

山田　いわゆる企業内特殊能力というのは、その会社の内部の言語、方言ができるということでしょう。

秋山　できることが理想ですが、もちろん、いきなり社内の隠語を使えるようになるのは無理です。でも、相手にとけ込むための最低限の知識というものもあるわけですね。相手が上場企業だったら、有価証券報告書を見ればいろんなことがわかります。情報の塊ですから、たとえばどの役員がどこの大学を出て、どんな職種を経て役員になったかなども全部わかる。営業出身か製造出身か、あるいは管理出身かで、その人の考え方やバックグラウンドも大体はつかめる。最近は事業部ごとのデータも公表されるようになってきましたから、ある事業部の売上が横ばいだったりすると、ここは赤字かな、なんていうことも考えられる。ということは、この事業部は人件費のことで悩んでいるかもしれないなとか。いろんなことが想像できるわけです。データから、仮説を沢山つくって、実際に入ったら具体的に聞いてまわる。これは、自分の経験から身についたノウハウです。

山田　それはＩＣに限ったことではなくて、転職する時に成功するための秘訣でもあるわけでしょう。転職する時に、自分の能力をひけらかすだけではなくて、相手の会社についてよく調べて勉強するということ。

秋山　マイケル・ポーターの『競争の戦略』という本に、いまのトップマネジメントが営業出身か財務出身か、あるいは過去その人がどんな成功をしたか、どんな失敗をしたかということを、きちんと調べろと書いてあります。大きな失敗をすると「トラウマ」になっているから、同じようなことはやろうとしないとか、調べることである程度わかってくるというのですね。たとえば、かつてイギリスの会社と組んで大失敗した会社がある。本当はイギリスが悪いのではなく、もっと別なところに間違いがあったのに、イギリスはダメだと社内で認識されてしまっていたりする。よそから来た人にはとても不思議な認識だったりするのですが、会社というものにはそういった不思議な認識はいくらでもあるのです。これらを早く把握することは、会社になじむ一つのスキルなのです。

山田　ところで、私の同僚は、最近まで二年間、アメリカのシリコンバレーにいたのですが、彼によれば、ここは、ＩＣの人が多い。特にＩＴ関係には多い。そこでは、メンタリティが日本人と全然違うと言うわけです。仕事がないことを彼らは失業しているとは言わない。「トランジション（次のステップへの充電期間）」していると言う。それから、共働きが多いというのも特徴だそうです。

転職と異動、日米の違い

秋山　たとえば建設会社の人たちの転職先探しが難しいのはわかるのですが、銀行関係の人たちが転職できないということはないと思うのですが。最近は不動産の証券化が注目されていますが、利殖のための不動産投資を始める会社が出てきて、その結果、銀行にいた人たちの職が増えてきていると思うのです。

　実際、知人から聞いた話ですが、銀行出身で独立している四十歳代半ばの人が、同世代の銀行員は昔の銀行への幻想から離れられずにいる。その一方で、収入はもう伸びないのはわかっているはずで、それさえこだわらなければ、職はたくさんあるということでした。人材の足りない中小のところがたくさんあってチャンスなのにと言うのですね。

山田　ある程度の年になると、期待されているポストに見合う能力がなければ、ポストには就けません。銀行出身の場合、求める側から経理とか経営の能力を問われるわけですが、残念ながら実力が伴ってないケースが少なからずあると聞きます。

秋山　その人は十年ほど前に独立した優秀な人で、その彼と同じレベルの人がたくさんいるだろうということで誰か紹介してくれと頼まれるらしいのです。

山田　どこの会社でも優秀な人はいます。その人を見てその会社の他の人も評価してしまいがちですが、一般的にはそんなことはないですよね。

秋山　おそらく社長の片腕のように動いてきた人であれば問題はないのでしょう。これも知人に聞いた話ですが、某大手銀行の調査部にいて、いまベンチャー系の会社のCFOをやっている人もいます。

山田　そういう人はいるのでしょうね。私の場合で言うと、いまの仕事は結構裁量性が高い。自分で決めてできることが多いのです。でも、組織の中にいると、自ら大きな決断をしなくてすむ。アイデアだけでなく、決断していくことの連続の中で人は育っていくわけでしょう。それが、銀行だけでなく日本の企業は、どこも組織が高齢化して重くなってしまっているから決断することのトレーニングができない。アメリカでは、ハイポテンシャルと言われる人たち、最初から優秀だと思われる人は、四、五年かけて、あちこちわざとまわすのです。

秋山　一年間早稲田大学に行った時のことですけど、僕の経歴は何回も異動していたから、外資系の会社の人たちからは、「ファーストトラック（会社の特急組）に乗っているね」と言われたのですが、日本の古い会社の人たちには、「秋山さん、やっぱり問題児なんですね」って言われたものです。つまり、日本の会社の考え方でいくと、そんなに異動ばかりしているのは、問題児だからですよってことになる。

山田　アメリカでは三十歳代前半で、部門長とか、子会社の社長をやらせるわけでしょう。そうして残った者が、どんどん本社へとあがっていく。だめなら辞めていく。ここらへんの鍛え方が日本とは違いますよね。

秋山　ダメだったから転職するだけじゃなく、優秀だから他から引き抜かれることもある。ともかく、できるだけ若いうちにいろいろなプロジェクトを任せることが必要で、それがこけた時のリスクマネジメントを上の人間は考えればいい。それによって人は育つし、本人に限界があればそこでその人は必然的に終わるものだから、チャンスを与えなければダメだということですよね。ただ、某大商社の教育担当の人の話では、人材育成のために実際にポストに就かせてやらせてみようとしても、トップになるような人を失敗する可能性のあるプロジェクトにつけるのはまずい。そんなところで失敗したら傷がつくと言うのですね。

9　アメリカのインディペンデント・コントラクター

◇ICはどのくらいいるのか？

山田　まず、ICがどのくらいいるのかについてお話ししておきますと、アメリカでは一九九五年から二年おきに公式統計がとられています。これは、労働省の「カレント・ポピュレーション・サーベイ」の中の「コンティンジェント・アンド・オルターナティブ・エンプロイメント・アレンジメンツ」というものですが、その推移を言いますと、九五年は八百三十一万人だったのが九七年には八百四十六万人。九九年にはなぜか減っています。

秋山　景気がよくなったからでしょう。

山田　おそらくそうだと思います。それまで存在していた一種の「偽装ＩＣ」（後述）のような人が減ったのでしょう。ですから、二〇〇一年にはまた景気が悪くなったので八百五十六万人に増えています。

秋山　これだけ見ると、プロフェッショナルＩＣばかりではなさそうですね。

山田　アメリカのＩＣというのは、大体自営業の立場で、企業からある特定の業務を契約によってやっている人、コンサルタントとかフリーエージェントとかいろいろな呼び名がありますが、そういう人たちです。それが、直近の労働省の統計では、二〇〇一年二月時点で八百五十八万五千人。これは全就業者の六・四％を占めるという、そこそこの規模があるということです。

ただし、それではどこまでをＩＣとするのかというと結構あいまいなところがあります。労働省は公式統計では一応こういうふうに言っていますが、たとえばダニエル・ピンク氏の『フリーエージェント社会の到来』という本によると、「特定の組織に雇われずさまざまなプロジェクトを渡り歩いて自分のサービスを売る」、ここでは「フリーランス」と言っています。これについてはこの章の冒頭で説明がありましたように、秋山さんは異議があるかもしれませんね。

秋山　いや、これは日本語訳の問題だと思います。原文では「ソリスト」なのですから、日本語の「フリーランス」とは違うでしょう。

山田　私、翻訳しか読んでいないものですからわかりませんでした。「ソリスト」であれば、まさに「独立者」というニュアンスですね。

秋山　一人でビジネスをやっている「ソリスト」なのです。

山田　そうなるとタイトルの「フリーエージェント」という訳自体もぴったりではない。

秋山　原題は『フリーエージェント・ネーション』ですが、きっと訳すときにダニエル・ベルの『脱工業化社会の到来』になぞらえて『フリーエージェント社会の到来』とつけたのだと思います。「ソリスト」を「フリーランス」という訳にしたことについては、きっと訳者の方がすごく悩まれて、その上であえて「フリーランス」と訳されたと思うのですが、そのせいで随分と違う語感になってしまいました。

山田　話を進めますと、ピンク氏はインディペンデント・コントラクターを指してソリストと言っていまして、そこでは、千六百五十万人、これはかなり高い数字です。しかも、彼によればこれでも控えめにしているという。

秋山　たしかにそう書いてありますが、多すぎますよね。そうなると、アメリカの就業人口の一割以上がＩＣになってしまうわけで、それだけの人が知的労働者でバリバリの人というのはちょっと考えにくいでしょう。だから、この定義はかなり広いのだと思います。おそらく技能工のような人も含んでいるのでしょう。

山田　たしか、副業をやっているような人も入れてましたね。会社に勤めながら内職でというタイプ。

秋山　週末起業ですね。そうなるとやはり、相当広いですね。

◇正社員よりも安定している契約先

山田　いずれにせよ、アメリカの公式統計ではそうなっています。いま、そこからもうちょっとうかがえるＩＣの特徴を見ていきます。ちなみにこの数字は九九年の数字ですが、年齢的には三十五〜四十四歳が三〇・二％と最も多い。

秋山　僕の実感でもそうですね。ＩＣ協会でもこの層が一番多い。おそらく日本でもその層が多いと思います。

山田　ある程度技能を身につけているということがあるのでしょう。

秋山　二十歳代ではやはり無理があるということです。一部のＩＴ業界の人は例外ですけど。

山田　そのほか四十五〜五十四歳が二六・四％。したがって、三十代後半から五十代前半で半分くらいを占めているということです。一方、同じ年齢層内でのＩＣ割合を見ると、六十五歳以上が一四・八％。五十五〜六十四歳で九・三％、四十五〜五十四歳で七・七％ということで、相対数で見れば、年をとるほどそれまでの経験を活かしてこの働き方を選択する傾向が強まると言えます。

職種的に見てみましょう。アメリカと日本で必ずしもイメージが一致しているというわけではないのですが、一応管理的な職種が二〇・五％。ただし、これは日本で言う管理者というより、コーディネートをするといったイメージも入っていると思います。これがいちばんウェートが高い。それから技能工的なものが一八・九％。専門職が一八・五％。それから販売職も結構いますが、これもわかりやすいですね。産業別に見るとサービス業で五九・三％と多い。また流通でまさにバイヤーのような人が一六・一％、金融・不動産で一〇・六％となっています。金融は証券とか保険のセールスが多いようです。

収入は一週間当たり六四〇ドル。いわゆる典型労働というか正規の労働の平均賃金がアメリカの場合は五四〇ドルですから比較的高い。ただし、これは社会保険料が入っていませんので、それを含めるとトントンか、場合によったら低くなるかもしれません。もう一つ注意すべきは、これはあくまで平均であることです。かなり個人差がある世界だということです。

それから、意外に思うのが、契約先が比較的安定していることです。契約先と一年以上の関係にあるケースが八五・二％です。これに対して、いわゆる正社員が一年以上同じところに勤めている人は七四％です。つまり、この点ではＩＣのほうが安定しているということですね。なかには二十年以上というのも一八％あります。

秋山　僕の感覚では不思議ではありません。クライアントとの仕事の中身は変わるけれども、ずっと同じ相手との契約をキープしている人は結構います。普通のビジネスと同じで、メインのお客様とサブのお客様がいて、サブとメインが入れ替わったりしながら、安定して見込めるものを仕事の中に何割かキープしておく。そうしながら、違うことにもチャレンジし、そっちがおもしろくなり安定してくれれば、次はその割合を増やしていくということです。企業のお客さん構成と似ていて、全てを毎年ゼロベースの新規顧客でやっていたら大変ですからね。

実際のところ、経済的に考えてみて、毎回相手を変えていたら、その都度、コースの定理に言う「取引コスト」がかかります。それよりも、フルタイムではないが、ある程度自分の会社のことをよく知っていて、会社のやり方に合わせてやってくれるほうが、会社にとっても個人にとってもいいから、こういう結果になるのだと思います。普通の会社に勤めている人が契約するのが七四％に対して、ＩＣは八五・二％が一年以上契約しているというのは、すごくおもしろいデータだと思います。

山田　年齢とも関係があるのですね。アメリカの伝統的な労働市場というのは若い時に転職し、かつてはずーっと一つの企業に六十歳くらいまで勤めていました。しかし、ここ十年くらいの間は、リストラで中高年の平均勤続年数というのが短くなっています。ところが、そのなかにはＩＣのような立場になっている人もいて、事実上同じ企業とずっと取引している人もいるのです。ビジネスの関係から見ると、アメリカの労働と企業の関係というのは、かつての雇用という形態から、いまは業務委託という形に変わってはいるが、実はみかけよりは安定しているということなのです。

秋山　企業からの理屈で言うと、繰り返しになりますが、社員として残しておくと福利厚生などの面からコストがかかってしまうから、その分を契約という形に変えていけば、そういったコストも抑えられるし、契約期間が終了するとそこで切れるということも魅力の一つなのでしょう。一方、個人の側から見た場合、かつてと違って他の会社で仕事をしてもいいということになりますから、そこに新たな機会を得ることができ、それによって収入が増えたというケースもあるでしょう。

◇　ＩＣは高学歴？

山田　学歴についてもデータがあります。大卒比率は、典型労働においては三〇・一％ですが、ＩＣは三六・九％。意外にＩＣは高学歴者がやっているということです。

秋山　むしろＩＣは、高学歴の人がとりやすい選択肢なのです。かつて会社にいて、新たにビジネスを開業しますということになると、もちろん当たればいいですが、失敗する確率はかなり高いので、期待値として得られる生涯収入は、社員でい続けるより低いのではないでしょうか。一方、それなりに賢くてきちんと仕事が出来る人にとっては、最高の期待値を得られるのは、ＩＣという働き方ということになるのです。会社の中でトップまで残ってやるぞと思うのもいいのですが、そんなことより、複数の会社から仕事を受けて上手にちゃんとしたリターンを得られるのがＩＣなのです。

誤解を恐れずに言うと、一般的にＩＣがする仕事が知識労働だと定義すると、やはりそれなりの学歴の人ということになるのではないでしょうか。したがって、僕の言うプロフェッショナルのＩＣの数も、八百六十万人のうちの三分の一くらいということになると思うのですが。ですから、収入にしても、週六万円～七万円だと年収ベースで三百六十万円くらい。それは低いと思います。そういう意味からも、プロフェッショナルなインディペンデント・コントラクターは、ここで言われた統計数字よりずっと少ないでしょう。

山田　そう考えると、高学歴者が多いというのも納得できますね。統計の取り方は、雇用契約か業務委託契約かという契約の形態だけで分類しているのだと思います。これは後述しますが、実際は、本当は雇用者なのに社会保険料を減らしたいがために一種「偽装的」なことをやっている。そういうのも多いと思いますね。

秋山　実際、定義は難しいですよ。アメリカでも日本でも全然わからないでしょう。

山田　結局、秋山さんの言われるとおりなのかもしれませんね。いわゆるプロフェッショナルなところだと三分の一ぐらいで、年収もこの倍ぐらいはあるのでしょう。

秋山　逆にそのくらいないとプロフェッショナルという感じではないですからね。

山田　それから、どういう理由でこういう仕事のスタイルを選んだかを見ますと、会社から強制されたのではなく、八三・三％の人が自ら選んでいます。

◇自分の「こだわり」を実現したい

山田　ちなみに、いま紹介している統計は、コンティンジェント・ワーカー、つまり一時雇用ということで四つのタイプを示しています。具体的には、インディペンデント・コントラクターのほか、派遣社員と、オンコール・ワーカーという、短い仕事ですよね、そういうのと、請負会社の社員、その四通りがあります。そして、その中で、ＩＣ以外のたとえば呼び出し労働者、オンコール・ワーカーを見ると自主的になったというのは四四・七％にすぎない。これはほかに仕事がないからというケースですね。派遣になると三三％とさらに少なくなります。

もう少し具体的に見ますと、ＩＣになった理由として、個人的な事情、たとえば家族の事情とか自分のライフスタイルを貫きたいとか、そういうのを七五・六％の人が挙げていますよ。日本もこの点は同じなのでしょう。

秋山　そうだと思います。少なくとも僕の周りには、自分の好きな仕事があってそれをやり続けたいからとか、週三日以上は働きたくない人とか、自分なりのこだわりを実現するためにＩＣになっているというのが多いです。

山田　その点、大企業をクビになっちゃったような人は、おそらくＩＣというスタイルに自分から行き着こうとは思わないのでしょうね。何とかして別な会社に勤めるというイメージが強くて、新しい働き方もあるという発想にはなりにくい。

秋山　本来は力のある人も結構いらっしゃると思うのですが、失業のような立場になったときに自信を失ってしまうのだと思うのです。自信を失った状況から、それを転じて、「自分はこれを商売としてやっていくんだ」と、そこまで思い切るにはかなりハードルが高いはずです。実際、会社の中での評価は低くても、本当は力があって、会社の外に出たらバリバリにできるという人もいらっしゃいます。エンジニアリングのプロで、会社からはリストラされてしまったのですが、実はその業界では非常に外から高く評価されていた人がいて、「辞めた」と聞いた途端、ほかから相次いで仕事が来る方がいらっしゃいます。そういう人の場合、きちんと一社で雇用しようとすると給料が高くなってしまってたいへんだけど、顧問になってくださいという話しならいくらでもあるものです。受けるほうにしても、部分的にアドバイスするだけで多少の報酬が得られて、それを何社も持つことで前より収入も上がることになるわけです。

◇欠かせない人的ネットワーク

秋山　男女の違いはありますか。

山田　詳細はわかりませんが、とりあえずどちらが多いかと言えば男性のほうが多いです。ただ、最近女性のほうが増えてきています。九九年は男性が五百四十六万人で女性が二百七十九万人だったのが、二年後の二〇〇一年は男性が五百五十四万人ですから十万人増えた程度ですが、女性は三百五万人と二十万人以上増えているのですね。

この点、もともとなぜ男性が多いかというと、後で説明しますが、やはり八〇年代から九〇年代前半にＩＣが増えていることと関係しているようです。そこにはやはりリストラがあったわけですね。それで急速に増えた。ですから、男性が多いというふうに考えられます。ところが、その後、女性もいろいろな形で社会進出するようになってきましたから、女性が増えてきたのではないでしょうか。そもそも、子どもがいたりすれば、女性のほうが時間をコントロールしたいという要求は強いでしょう。そういう理由で増えているのかと思うのです。

秋山　もともと女性のほうが仕事に対するこだわりが強いですよね。組織とか地位とかそういうことよりも、慣れた仕事があってそこでそれなりにスキルをきちんと積めば、それなりのレベルになりますから。

あと、これは男女の違いはないと思いますが、ICになれるかどうかにはネットワークの問題があります。リクルートのような会社であれば、前にも言いましたが、卒業した先輩のネットワークがありますから、それを活用することでICになれるのです。

ネットワークがないと、営業活動を一生懸命にしなければなりません。実際頑張っておられる方もいますが、たいへんですよね。

ICはネガティブな存在か？

山田　アメリカでは結構、ICについて否定的な紹介のされ方をしているケースがありますね。

秋山　それは日本も同じです。ものすごくいいように言われたり、ものすごく悪く言われたり。たとえば、「ICというのは、乳製品・飲料製品の販売員のようなもの」とか、あるいは、「下請け」とか。一方で、非常に優秀なICを知っている人であれば、「レベルの高いプロフェッショナル」といったまったく別の評価になってきます。すごくポジティブなとらえ方とネガティブな評価があるのです。

山田　アメリカの一九八〇年代は、そういう意味で社会全体が大変な時代でしたから、どちらかと言うと弱い立場でICにされてしまった人が増えたようです。比較的労働側の視点から書かれた文献ではそういうイメージが強くなっています。

秋山　傾向として、労働法や労働経済系の方がICについて書くと、ネガティブなとらえられ方になるように思いますが……

山田　少なくとも八〇年代の前半に、アメリカではマイナスのイメージで登場してきているわけです。たとえば、『アメリカの非正規雇用』（仲野組子著、桜井書店）という本では、ウォールストリート・ジャーナルからの引用として、「一九八二年にセールス関係の従業員を解雇して、インディペンデント・コントラクターとして再雇用した」というケースが紹介されています。

秋山　実質的には賃金を切り下げて「再雇用」しているわけですね。しかし、そもそも本来のICならば「再雇用」ではないのですが。

山田　そのほか、これは八六年のケースですが、ソフトウェアハウスで採用された女性がレイオフされたのですが、その後しばらくして同じプログラマーの仕事をコンサルタントとして雇うことになったというケースが紹介されています。トーンとして、これは非常に暗い、問題があるのだという紹介のされ方をしているわけです。

秋山　でも、実際にそういうケースはあるようです。おそらく日本でも、これからそういう「偽装ＩＣ」はたくさん出てくるのだと思います。

◇景気との深い関わり

山田　ともかく、アメリカで八〇年代にＩＣが統計上増えていますが、その背景には、間違いなく、レイオフとともに、企業側で人件費を変動費化したいということがあったと思いますね。特に、当時のアメリカでは社会保険負担に関わることがいろいろな形で問題になっていました。アメリカの場合、社会保険負担というのは税金（社会保障税）で賄っていますから、税務当局である内国歳入庁がまとめてやっているわけです。そこで、税金逃れのためにＩＣを乱用しているのではないかということで、厳しく目を光らせているのです。よく紹介される例として、マイクロソフトがフリーランサーという名前でＩＣを使っていたのですが、一九八九年と九〇年に税務調査が行われ、これは法律上（税務上）の労働者と違わないではないかということで、社会保険の支払いを命じています。

ただ、そういう側面とは別に、先ほどの数字から見てもわかるように、ある程度景気と関連するところもあります。そのため九〇年代後半には、数自体も若干頭打ちになったこともあるのですが、その結果として、ＩＣそのものの質もよくなったということができると思います。

秋山　そうでしょうね。

山田　たとえば野村総合研究所が証券関係の営業のＩＣについての調査論文を出しています（『資本市場クォータリー』一九九九年冬号）。その内容を読んでみますと、当初は落ちこぼれ証券マンとか、パッケージ商品中心の外務員とか、基本的に付加価値の部分ではないルーティンの仕事をやっているような人が多かったのですが、その後景気がよくなって、最近の変化として注目されるのは、大手証券会社のトップ営業マンがＩＣとして活躍するようになったと。

秋山　個人レベルで言うと、そのほうが儲かるのですよ。

山田　そのようです。成績を上げれば、それだけ個人のポケットに入る。

秋山　それだけではありません。大手の会社の場合は本部から「あれを売れ」「これを売れ」という指示がくるわけで、本人の意志や能力とは関係なしにある程度はその商品を売らなければならないでしょう。それよりも、ある程度距離を置き、ＩＣとして契約してやったほうが選択の自由があって、基本的には全て自分の判断をもとに売っていけますから、お客もそれだけつかめるのです。だから、顧客にとってもＩＣのほうがありがたいとなります。

山田　そのほかの例としては、日本経済新聞ワシントン支局長をされている実哲也さんという方が一九九八年に『米国　草の根市場主義』（日本経済新聞社）という本を書かれています。これは結構おもしろい本なのですが、そこにもＩＣが登場しています。そのなかであるプログラマーが言っている言葉をそのまま引用してみますと、「企業の正社員のことは、われわれの中では『とらわれの従業員』と呼ぶんです」とあります。なぜかと言うと、「社員であればくだらない会議など雑用が多く、本業に費やすのは一日のうちのたった二時間だ」と言うのですね。これ、秋山さんが言っているのとまったく同じでしょう。
　その点、「われわれは専門の仕事だけ考えておけばいいからずっと自由だ」「正社員なら安心という時代は過ぎ去った。正社員は単に束縛されているだけだ」と。少し強調、わざとそう言っているようなところはあると思いますが、ともかく、そういう考え方で働いている人が紹介されています。
秋山　実際、そのとおりですよね。会社で今日一日何をしたかなと振り返ると、午前中は会議。昼食をとってから自分の仕事を一時間ほどチェックしていると、今度は横割りのミーティングがあって、夕方席に戻ると、また上司から呼び出されて会議。そんなパターンの人は結構多いでしょう。
山田　最近「朝十時までに仕事をしろ」なんていう本が売れているようですが、私も、自分の仕事は大体夜になってからやることが多いですし、あとは休みの日ですね。普通の会社員とはかなり違うとは思いますが、そういうときにしか原稿を書けません。平均してみて、たしかに日中は一日二〜三時間くらいしか自分の仕事はやっていません。あとは、ほかの人の原稿をチェックしたり、会議に出たり、そういうことに時間をとられてしまう。

秋山　本当にそうですよ。会社には、組織としての役割や仕事も必要で、自分とは直接関係がなくてもしなければいけない仕事は結構あるのです。特に、管理職になると、いやでもやらなければならない〝必要悪〟の仕事はすごく増えてきます。たまには、部下が何かで悩んでいるっていう話も聞いてあげなければなりませんしね。

そういう意味でいくと、僕もいま、ものすごくたくさんの仕事をやっていまして、もういくらなんでもこれ以上は無理という状態ですが、おそらく自分がここまでできるのは、組織の仕事をしていないからだと思います。

◇一面だけ見てされるネガティブな評価

秋山　先ほど、ＩＣがネガティブに捉えられることに対して個人的に反論しましたが、山田さんが紹介された暗めの話は、ある程度真実なのではないかと思います。ＩＣと言っても、やはり最初のきっかけは、シニアの方々が会社の外にポーンと放り出されたところにあるようなのです。そのとき、彼らはどうしたらきちんと収入を得られるかをいろいろ考えたのです。できるだけ伸びている会社と契約したい。それも、一社だけのクライアントではは、その人にとって十分な報酬が払われるわけではないから、それならコンサルタントのような形式で週二日会社に行き、自分のスキルをデリバリーし、そういう会社と複数契約できれば、実収入も以前よりよくなったりする。というようなスタイルで、彼らは、最初の出され方はネガティブだったかもしれませんが、そこで生き残っていくことを考えたわけです。そうするなかでたどり着いたやり方が、ICだったのでしょう。

もちろん、そんなにポジティブな話ばかりではないでしょう。本当にスキルもないような人の場合には、先ほどのお話のように、本当は社員のような働かせ方だけど、社会保険の費用は負担したくないから業務委託契約をしているというケースも現実にはあるのだと思います。

山田　日本の場合は、これからもっと出てくる。

秋山　出てくると思います。ただ、本当にポジティブな、すごくレベルの高い人ばかりではありませんから、下のほうだけ見て、「これは最低賃金も適用されないひどい制度だ」と言われる方もいるわけです。でも、それは一面だけの極端な見方だということを知っていただきたいと思います。

先日の日本経済新聞の夕刊一面に、松下電器産業のデザイン部門の人を業務委託にして契約するという話が出ていました。記事によれば、デザイン部門の優秀な人たちのかなりが独立したいと思っている。そのときに、そのまま独立させて競合などの仕事をされると困るので、自社にとって必要な人材だから独立をさせてあげて、改めて業務委託契約を結ぶというのです。プロフェッショナルな人というものは、やはり一つの会社だけの枠には収まり切らない人が多いですから、どうしても外に出て違う仕事もやってみたいわけです。そのときに、無理やり「社員でなければだめだ」と抑えきるのが得なのか。得か損かで考えたら、こういう契約の形式が出てくるという話なのです。

◇ICの定義は難しい

秋山　話を戻しますと、何をもってICというか、どうとらえるか、判断は難しいとも言えます。僕のとらえ方については冒頭に説明しましたが、実際にはいろいろありまして、契約の形態がいわゆる正社員——この正社員というのも日本特有の呼び方のようですが——ではないという、「以外」の働き方になってしまうのです。「以外」ということですから、そこにはいろいろなものを含んでしまう。

山田　ただ、ここで言っている定義としては、たとえば派遣は入れていませんよね。ICはこれとは全然違いますよね。一応、ある程度の専門性があって、その分野で、プロジェクト・ベースで先方との契約によって決められた成果物は当然納めるのだけど、仕事の進め方とか、あるいは時間をどう配分するかということは完全に自分で管理できる。

秋山　改めて山田さんの示された統計数字のＩＣの範囲はどういったものなのでしょうか。アメリカの統計で言う八百五十八・五万人というのは、たとえば僕のように一人でやっている者以外も含まれているのですか。ダニエル・ピンク氏の本によると千六百五十万人くらいいると言っていますが、なかなか正確なデータがないというのが実態だと思うのですが。

山田　たしかに、アメリカの公式統計では定義は狭めです。秋山さんのように呼称としてＩＣを堂々と言っている人たちと、独立系コンサルタント、そしてフリーランスと、明確にカテゴリーを定義して限定しているのがこれ。ピンク氏の場合はもっと広く実態的なフリーエージェントを含める形で言っています。

　ピンク氏によると、法人化していないフリーランス（約一千万人）、法人化しているフリーランス（約四百万人）、副業としてフリーランスの仕事をしている人（約二百万人）を合わせて千六百五十万人くらいと言っている。ちなみに、ピンク氏はこれらのほかにテンプ、いわゆる派遣労働者をはじめとした臨時社員。さらに、マイクロビジネスといって、自分のところで小さくビジネスをやっていますといったタイプの三つの分類を合わせて「フリーエージェント・ネーションの住人」と言っており、それらを合計して三千三百万人としているわけです。

秋山　やはり、定義自体があいまいなので、正確な数を特定することも難しいということになりますね。

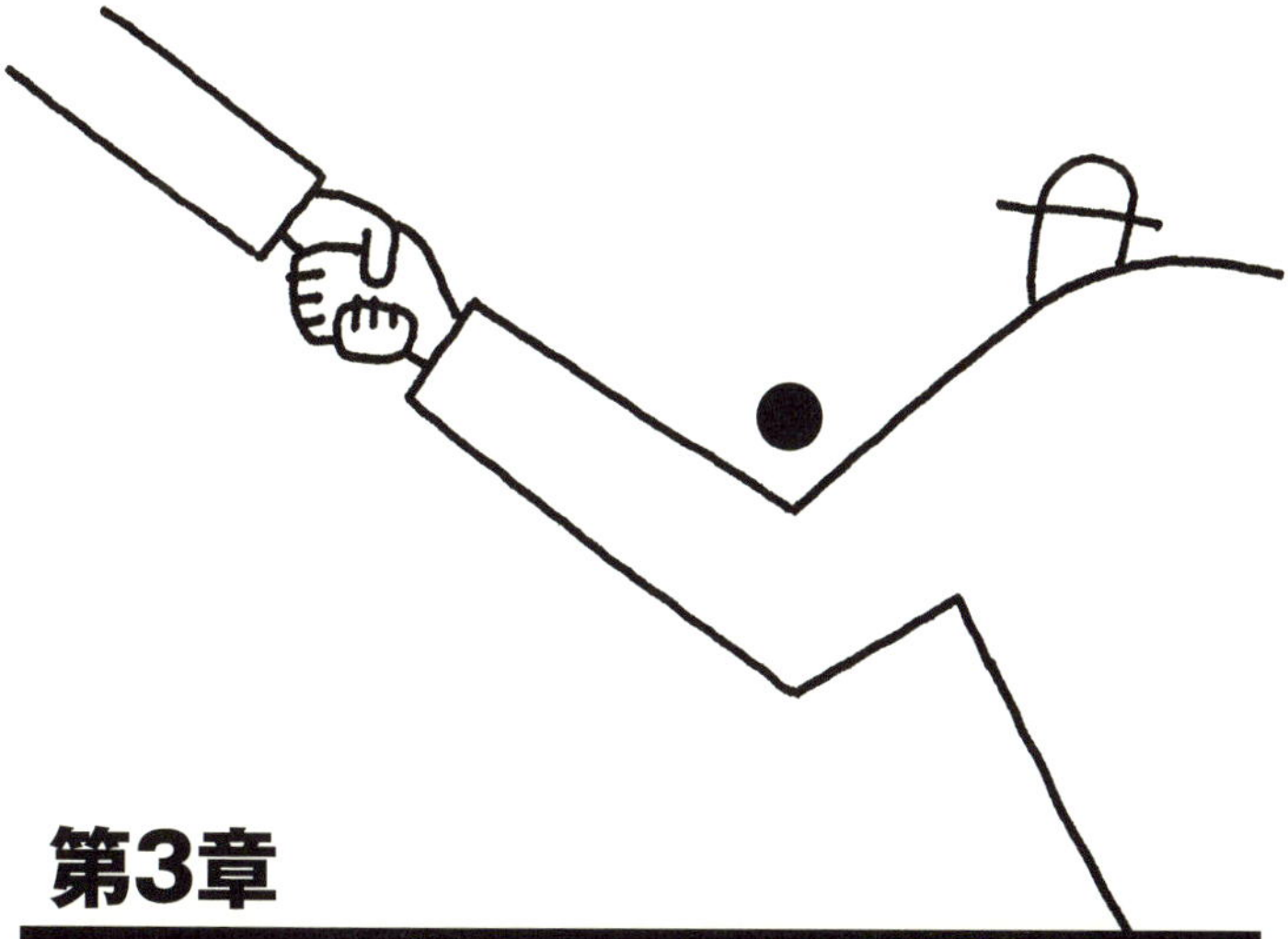

第3章

働き方は自分で決めたい

1　仕事人として生きたい

◇日本の管理職の「暗黒の十年」

インディペンデント・コントラクター的な仕事をしている人たちと、なぜインディペンデント・コントラクターがいいのかという話しをすると、時間の融通がきくからという声がいちばん多いと思います。僕自身も、大きな仕事が終わったあとで、疲れている時などは、アポイントも入れず昼間からガーガー寝ています。小さな子どもさんがいるようなケースでは、たとえばアメリカは親の送迎が当たり前ですから、時間のゆとりが欲しい。そういう場合に、融通がきくというのは大きいと思います。

そういったこととは別に、インディペンデント・コントラクターになるという動機付けの一つには、「仕事人として生きたいから」というのがあると思います。

日本では、会社という組織にいると、どうしても四十歳過ぎから五十歳までの「暗黒の十年」を過ごさなければなりません。四十で大きな意思決定ができる素養がある人が沢山いるのに、皆、ウエイティング状態になっていて、自分の意志で大きな決定をすることができない。それから十年たって、やっと事業部長になるわけですが、そうではなく、四十歳の段階でやらせていたらもっと力がつくのです。アメリカ企業や一部の日本企業ではそのようにしているわけで、結果として、トップマネジメントの圧倒的な力の差となってしまいます。日本では、そこまで順調に出世してきたらいったん「待った」がかかり、その段階からは実際に仕事をさせるというよりも、上司とうまくやり、失敗しないようにしていかないと出世できないようになっていると思います。とくに、優秀であればあるほど、本部の管理部門に入って、機嫌取りというか、人と人との調整をうまくやって波風立てないようにすることが求められてしまう傾向があるでしょう。多くの会社が人事制度を変えたと言ってはいるものの、このあたりについてはほとんど変わっていないのではないでしょうか。

そうして、その間にすっかり能力を失くしてしまうのです。四十歳代に入る直前、ちょうど僕らくらいのところまでは、現場隊長としてバリバリやれます。そこで、ある程度物事がわかってきますし、いくつか別のセクションも経験することで全体感も身についてくる。そういうタイミングで、では、一つ事業でもやってみろと。会社の大きさにもよりますが、四十歳くらいというのは最適な段階だと思います。

にもかかわらず、四十歳代そこそこから十年間、「宮使い」をしっかりやって、すっかり牙がなくなり、脳みそがなくなり、フットワークも悪くなった頃、事業部長をやれと言われる。その間に、会社内部のことには詳しくなるけど、マーケットのことは全くわからなくなってしまうのです。極端な言い方かもしれませんが、全部、現場の人間に聞かなければならない。

もちろん日本の場合、現場の人間が優秀ですから、その人たちに任せれば仕事はまわるでしょう。でも、当の本人は、市場の感覚は完全になくなり、リアルタイムのマーケットのことはわからないわけで、決定事項についてどうすべきかがわからない。結局、昔からの会社の価値観、従来の感覚で決定することしかできないという、「暗黒の十年」なのです。

よく、出向などで子会社などに行った人のほうが優秀になれるというのは、そういうことだと思います。大企業では、四十歳代の人たちにどんどん子会社の社長をやらせればいいのです。ところが、もったいないことに、一部の挑戦的な企業を除いて子会社の社長は退職した人たちの再就職の仕事場となっている。前に大商社の人の話をしましたが、絶対失敗しないようなところに行かせるのではなく、むしろ少し難しいくらいのところで経験させたほうが力がつくはずです。自分で戦略を決めて、自分が最後まで責任を負ってプレゼンテーションするという機会をもつことが大事なのに、大企業ではなかなかできない。

最終的なところまで責任を負って決定することができない。だから、経営の根幹である判断力が身につかないのです。

そうなると結局、いつまでも企業の中の組織人でしかありません。現役の仕事を続けるプレイヤー（仕事人）でい続けようと思うと、日本の一般的なよい企業、大企業にいたのではできませんから、離れるしかないことになります。

2 収入も働き方も自分で決める

◇ICでいることの幸せ

インディペンデント・コントラクターを選択する理由として、収入はそこそこに得られればいいから、週三日しか働きませんという生き方の人もいます。実際に、能力は非常に高い人がインディペンデント・コントラクターでいるケースが、僕の周りには結構あります。

かつて僕がリクルートで内定者として見習いをしていた時、京都支社でアルバイトをしている有名大学卒の人がいましたが、彼はすごく仕事ができるのです。本人さえその気なら社員になれるのに、ならない。それで、理由を尋ねてみたら、冬の間十二月から三月は働かずにスキーに行きたいと言うのです。だから、四月～十一月は一生懸命働く。社員ではそれができないから、アルバイトでいいと言うのですね。当時は、そんな働き方もあるのかとショックを受けたものです。当時のリクルートでは、そういう働き方も許容していたということです。

通常、会社というのは、同じ年齢層の競争ですよね。そして、昇格させる時に過去二年間の個人の持ち点と、平均点を比較したりする。その期間に休職などがあるともう完全に昇格や昇進は見送りになる。ずっとがんばってて、ずっといい成績を上げている者が上がっていくようになっているわけです。しかし本来、職能資格でやっているのであれば、途中に休職期間があろうがなかろうが、その職に応じた能力をつけてさえいれば、能力に見合った昇格をさせればいいはずでしょう。でも、日本のいまのやり方は、同期の人たちを競わせて、その間に暫く抜けるとか消えるとかは許されない。柔軟性がないのです。

3　ＩＣは「弱肉強食」の世界である

◇契約と成果

最近、日本企業は「成果主義」と言ってみたり、その後実態はもとのままの状態だったのに「成果主義見直し」と言ってみたり。つまるところ、仕事の成果を評価しないということじゃないのかと思えるくらいです。

この評価ということについて僕は、まず、短期業績を偏重しすぎてはいけないと思います。それから、個人のレベルに還元しすぎるのも問題です。そうするとへたな完全個人主義になってしまい、会社への貢献は関係なしに自分はこれだけやっていればいいと、書いてある数字だけこなせば評価されるということになってしまうからです。しかも、成果主義と言うとき、どこも半年とか一年で成果を出すことを要求されているわけですが、仕事の内容によっては、結果が出るまでに三年かかることもあるでしょう。

要するに、会社の一律なルールに則って全員を同じように評価してはいけないのです。その点、ＩＣはその業務遂行の特性に合わせて期待値を設定しますから、一律のルールにむりやり合わせることは不用ですが、やはり適切な目標設定をするのは難しいことです。

ただし一つだけ言えることは、ICはいい加減な仕事をすれば必ず次の契約は打ち切られるということです。このプレッシャーはたいへん大きく、そこは社員の人よりもずっとまじめに働くインセンティブとなっているのです。

◇ICは仕事のプロであり、ビジネスである

たとえば、巨人にいた終わり頃の松井秀喜選手は複数年契約をせずに、一年ごとの契約にしていたでしょう。複数年契約では、途中でヤンキースのような球団から話がきたりしたら違約金を払わなければならなくなるからそうしていたと思います。実際、野球やサッカーのプロ選手は、試合に出た数やその細かい内容まで決めて契約をしているのです。これは、自分の立場が弱かったらできませんよね。

実は、ICの契約もそういうやり方ができます。ICは、弱肉強食の世界であって、自分のスキルに何の価値もなければ一円も出されないし、その逆であれば、一億円だって不可能ではありません。松井選手の話が出ましたので、野球で言うなら、助っ人野球人はICそのものです。チームに合流してすぐに貢献できなければ、次の年の契約更新のテーブルにつくこともできません。サッカー、Jリーグの横浜マリノスの柳想鉄選手がICの鏡という話は前にしましたが、彼は身体的能力も高く、チームごとの戦術の特徴を理解する

力がすごいから、それに合わせてすぐに動くことができるのです。しかも、チームに埋没することなく、彼自身の個性も発揮するからすばらしいのですね。

ＩＣも同じなのです。一つのプロジェクトが始まると、こちらから先にイニシアティブをとって仕事を進めていかなければなりませんが、同時に相手の企業の作法に合った方法で進めていかなければいけないこともあるわけです。だから、その会社の仕事の流れを瞬間的に把握できなければいけなくなります。たとえばあるケースについて、その会社の誰に話を持っていけば早く仕事を進められるかという組織の特質もわからなければいけません。極端な言い方かもしれませんが、この会社はどんな色のスーツがいいか、入った瞬間から、そんなことまでまさに会社の人のようになれることが大切なのです。

大事なことは、ＩＣというのは雇用ではなくビジネスだということです。相手の側も悪い商品は買ってはくれないのです。

×　×　×　×　×

山田　ＩＣとして、会社に雇われているのではない働き方というのは、同じ会社の仕事をしていると言っても、正社員の場合とは全然違いますよね。

秋山　この会社と仕事をするかしないかを、自分で決められる点が全く違います。前章の繰り返しになりますが、社員の場合は、突然上司に呼ばれて「異動」と言われても、「はい」と言うしかない。転勤を命じられたら行かなければなりません。解雇は禁じられていても、本人の意志とは関係のないところでの意思決定に従って、異動させられてしまうものです。

山田　日本の社会全体がそれで支えられてきたと言えますよね。奥さんも文句言わずについていったり。しかし段々、そうではなくなってきている。

秋山　日本はまだ画一的にやっていますよ。本当に個別にやり始めたら、一人ずつ契約しなければなりません。そうなると大変な時間とエネルギーがかかりますよ。

山田　ところで契約というのは料金も交渉するの？

秋山　しますよ。基本として、僕のする仕事はその会社ではこれくらいのポジションの人がする仕事ですよねというところを基準にして話を進めます。八百万円の年収なら法定福利費分を乗せた二〇％アップ分が基準値で、一千万円弱という感じですね。たいていは相手の会社の状態もわかっているわけで、変な交渉はしません。

山田　たとえば服をつくるような内職的な仕事を委託して、一品いくらで買い取るというのと違って、もともとその会社のポストとしてあった仕事をするわけだから、そこの職務にあった値段をベースにするということ。

秋山　そうです。ただし、週一日しか行かなくても、「おたくの社員が五日間かけてやるくらいの内容の仕事はやれますよ」というように言って、それをベースに一年間いくらというふうに決めていくのです。

山田　とりあえず三か月くらい様子を見て決めようということもあるのですか？

秋山　それもありますよ。サッカーの選手がレンタル契約からスタートして本契約に変わるようなものですね。得意分野ばかりの仕事をやっていたのでは自分のキャパシティが狭くなってしまうような気がするので、あえて自分にできるかどうかわからないけど一生懸命やってみるという仕事も、絶えず入れるようにしています。

4　自分の商品リストを組み、売りをコントロールする

◇ＩＣであることはどれほど厳しいか

実際のケースとして、稼ぐプロジェクトと挑戦するプロジェクトをバランスよくうまくこなしている人もいます。ともかく、経営学の教科書に出てくるような「アンゾフの多角化モデル」の原理と一緒です。「自分が現在やれることはこれです。ほかに、新しくチャレンジしてみたいことはこんなことがあります」とお客さんに提示して仕事の幅を拡大し

たり、いまやっているサービスを新しいお客さんに提供したりしていく方法ですね。

ＩＣは自分の商品リストを組まないと、いずれ次のネタがなくなってしまうということに気をつけなければなりません。ただし、本業からの離れすぎはダメで、いまやっているところに近いところに仕事をつくっていくことが大事です。ＯＢとかファミリーの処遇のために事業を広げすぎてダメになった日本の会社と一緒で、専門性はどうしても必要です。企業も個人も全く同じということですね。

それと、市場の価値とは別に自分がやりたいからこだわってやっていけるというのもＩＣの仕事だと思うのです。市場価値は大切なことだけど、それがすべてではないのです。

それから、ＩＣの良いところは、たとえば、夏八月は働かないと決めたら、働かなくてもいいのです。働く時間を自分で決められる。自分の時間を自分でコントロールできるわけです。職業満足の理論の中で、満足を感じる五つの要素を洗い出したものがあるのですが、それは「仕事の有意味性」「タスクアイデンティティ（全体の中での役割の把握）」「多様性」そして「自律性」と「フィードバック」となっています。ありがたいことに、ＩＣという働き方はこの全てが満たされる。だから必然的に職務満足は高くなると思います。

×　　×　　×　　×　　×

山田　もともとお金がつく仕事なわけですから、価値がある仕事ということでしょう。ということは、成果主義を本当にやろうと思ったら、一度、全員ＩＣに切り替えてみるということかもしれませんね。アメリカでは、成果主義と流動性は表裏一体。できなかったらアウトだし、できたらもらえる。流動性があるということは、仕事を選べるということ、この仕事は合わないと思えば変わることもできる。

秋山　日本も少しずつ「転職社会」になってきたので、全員ＩＣ化にチャレンジしてもいいかもしれませんね。たいへんなことになると予想できますが……。

サラリーマンの息子はサラリーマンに？

実は、うちの妻は商家の出身なのですが、僕がサラリーマンでなくなった時、彼女に「お金を使ってない」と怒られたことがあるのです。「営業をちゃんとしているのか」「お金は使わなければ入ってこない」と言われたのですね。

僕はサラリーマンの息子だから、お金は使えばなくなるとしか考えられないけど、妻はビジネスを考えているから、お金を使うということは投資だということになるのです。だから「あなたにとっては人と会って話をすることが投資にあたるのではないか」と言われて、その通りだと思いました。

これが、事業をやっているところの子とサラリーマンの子のメンタリティの違いだと実感したのです。小さい頃から「お金を使うとなくなる」と育てられるか「お金は先に使ってリターンはあとでくる」というふうに育てられるか、サラリーマンの子にいきなりベンチャービジネス起こせといってもやっぱり無理があるように思うのです。その点、インディペンデント・コントラクターは、そのリスク選好度的に見てもサラリーマンの子でも十分にチャレンジできる世界のように思います。

5　自分の専門領域を持つ

◇専門家であったほうがよい

ＩＣとしてやっていくためには、明確な専門領域を持つことが大事です。ただ、「優秀な人」というだけではダメなのですね。この点は、仕事を発注する側から考えても当たり前だと思います。たとえば、山田さんは当人がそれを好きかどうかは別として、労働系のエコノミストとして実績も専門性もありますよね。新聞記者が記事を書くときに、その関係であれば山田さんのコメントを求めよう、とか、そういうふうになります。これが、単純に「エコノミスト」というのでは、かえって難しいと思います。

これは、外部が客観的に評価してくれたものであることが理想です。あるいは、特別有名なプロジェクトを手がけたというのなら別ですが、たいていの場合、そういう機会はありません。ですから、ICになる人はなるべく適切に自己宣伝に努めることです。「自分は××の専門家で、代表的な仕事に○○があります」というように堂々と言えばいい。

たとえば、僕の場合は「リクナビ」の基本構想構築と、重要なパーツの開発に従事したことは誇れる実績の一つです。それで、特に若い方たちからは「あのリクナビ」ということで、僕のイメージ形成に役立ってくれているのですが、実は「リクナビ」の開発をしたという人間は三十人以上いるでしょう。本当にコアの部分は限られた人たちなのですが、それでいいのです。どんなに端っこにいた人でも、事実であればそうやって自己宣伝はしてもいいのです。ただし、実際にそれだけの力がないと、あとになって本人が困るわけでしょうから、相手に過大な期待を与えないというのは大前提となります。ICにとって信用は、最も重視すべき問題であることを忘れてはなりません。

話は少し脱線しますが、僕の場合、かえってリクナビで困ることもあります。というのも、僕が開発にタッチしたときといまとでは、テクノロジーも市場環境も全然違ってしまっているのです。ですから、最新の技術のことを聞かれても何も知りません。それで「僕は昔の話はできますが、いまのことはまったくわかりません」と言っているのです。ただし「全く新しい市場でいかにデファクトスタンダードをとるか」ということには、原理原則レベルの理解ができていますから、そういうところでの意献はできるのです。

◇相手に自分を認識してもらっているか

次に大事なことは、たとえば、相手がメールソフトでソートをかけたときに自分の名前が出てくるか、あるいは、相手の携帯電話に自分の連絡先が登録されているか、ということです。この点は前にもお話しましたが、一度でも、できれば何度か、相手にメールを送っておけば、そこに自分のアドレスのデータが残ります。相手が自分に連絡しようと思ったときに、すぐにアドレスが見つかるというのはとても大事です。

ですから、名刺を交換したら必ず、できるだけ早く、ご挨拶のメールを送っておくことです。「今日はありがとうございました」だけでも、内容は何でもいいのです。あるいは携帯に電話して、同じように挨拶しておく、それだけで全然違ってしまうことを覚えておいてください。

結局、すぐには仕事につながらなくても、そうしておけば相手が何か知りたいとき、「あの人ならわかるかも」ということで連絡をくれたりする。実際、そういうことがきっかけになって後で仕事が発注されるというパターンは、かなり多いと思うのです。

◇自分の守備範囲を決める

それから、自分の専門分野ということとは別な観点から非常に重要なポイントがあります。それは、「自分はどういうポジションで売っているのか」ということです。

たとえば、ユニクロという会社があります。「値段は安いけど、結構デザインのいいカジュアルウェアを売っている」というイメージで伸びてきましたよね。これとは反対に、「値段も高いけど、間違いなくすばらしい仕事をしてくれる」というのも一つのポジションのあり方です。

ともかく、僕の場合は、どのようなことを守備範囲としているかを表のようなマトリックスにしています。これはあくまでも参考ですが、業界軸と職主軸に分けて、得意業種と非得意業種だけどやるもの、さらに今後勉強してやるようにしたいもの、いまのところ関係がなさそうでやる気もないもの、得意職種と非得意職種だけどやるもの、さらにやはり今後勉強してやるようにしたいもの、やる気はないもの、というふうに分類しています。

秋山式マトリックス

業界軸	得意業種	人材系ビジネス、広告系ビジネス、教育系ビジネス
	すぐにやれる業種	エンタメ系ビジネス、サービス業系ビジネス、ＩＴ系ビジネス
	勉強してやりたい業種	老舗メーカー、ハイテクメーカー、問屋、ＦＣ系ビジネス、知的財産権流通、不動産アセットマネジメント
	今のところ関係がなさそうな業種	その他
職種軸	得意職種	社長補佐（経営秘書）、事業企画、商品企画、質問者
	すぐにやれる職種	広報システム作成、教育プログラム作成、経営分析、ＢＰＲ、コストダウン、ＩＴ化計画、ライター、試験問題作成
	勉強してやりたい職種	コンプライアンス関連職種
	今のところ関係がなさそうな職種	その他

	得意職種	すぐにやれる職種	勉強してやりたい職種	今のところ関係がなさそうな職界
得意業種	★	◎	△	△または×
すぐにやれる業種	◎	○	△	×
勉強してやりたい業種	△	△	△または×	×
今のところ関係がなさそうな業界	△または×	×	×	×

注）★基本的にやらない　◎高値　○普通値　△ダンピング　×やらない

「得意」ではないけどやるというのは、そうしていかないと、いつまでも同じ仕事をしなければなりませんし、自分の守備範囲は広がっていかないからです。

そして、値段についても、その自分の置いている軸のレベルによって対応するようにしているのです。

もちろん、僕は皆さんに同じことは強制しません。得意業種で得意職種をやるというのがいちばん収益性は高くなります。ただ、それでは下手をすると前やった会社の競合の仕事をすることになるのですね。それが必ずしもコンプライアンス上の問題になることはないと思いますが、僕は、一度会った人たちとはずっと仲良くしていたいから、やりません。むしろ、得意職種ですぐにやれる業種とか、すぐにやれる職種で得意業種とか、こういったところを基本的にやりたいと思っています。そして、ここは得意なので、一定以上のお金はもらいます。そうではないところ、だんだん外側に行けばいくほど、あまりクオリティも高くないし、こちら側としても補足できない部分が出てくるので、これは安くやります。さらに、自分がやってみたいと思っているというレベルであれば、かなり安くてもやるというふうにしています。

×　×　×　×　×

山田　そういうふうにやっていくと、当たり前ですが、どんどん△だったところが○になっていくでしょう。これは、実は、能力開発の有効なモデルになっていると思います。逆に、そういうやり方をしないで得意分野ばかりやっていると、時代の変化から取り残されてしまいますよね。一方、全然わからない分野を一気にやるとコストがかかりすぎるので、少しずつずらしながらどんどんドメインをシフトしていくというのは賢いやり方です。

秋山　「アンゾフの多角化モデル」そのものですねと言われたらそうなのですが、ただ、能力開発のためにやっているのかと聞かれたら、「いや、自分の幸せのため、楽しみのためにやっているのだ」というのが僕の答えなのですけどね。ともかく、相手にどのように認識されているかが重要であるということです。

経験はすべて活かす

僕は、企業法務専門の弁護士である中島茂先生と共著という形で『社長！　それは法律問題です』（日本経済新聞社）という本を出させていただきました。当時は、企業不祥事が相次いでいて、コンプライアンスの問題が大きくクローズアップされてきたときでしたが、僕は全然、その道の専門家ではありませんでした。

その僕がなぜ、中島先生の対談の相手に選ばれたのか。実は担当の編集者とは以前からお付き合いをさせていただいていたのですが、彼が「秋山さんには質問の能力がある」というふうに見込んでくれて、「中島先生相手に、企業の実際の現場を念頭にした鋭い突っ込みをしてほしい」ということだったのです。うまく行ったかどうかは、それを読んでいただいて判断してほしいのですが、以来、この「質問者」というのも僕のラインアップに加わりました。

実際、このジャンルの仕事はいろいろしています。ある会社の役員から頼まれて「会社のことを全然知らないふりをして社長にいろいろなことを聞いて社長の間違った見解を正してほしい」ということを頼まれたことがあります。実際、偉い社長さん、ワンマン社長ほど、もう頭の中が凝り固まってしまっていて、他人の意見を聞かなくなってしまうことがあります。社員から直言することが難しい場合が多いでしょう。そうなると経営はたいへんです。そこで僕が食事の相手をしながら、「社長、将来についてはどのように考えているのですか?」と質問して、その答えに対して、さらに、「でも、いま世の中はこんなふうになってますよ!」「ほかの業界ではこんな感じで進んでますけどね」などと、雑談しながら凝り固まった頭をほぐしてあげるというものです。

これは有限会社秋山進事務所の商品名としては「質問」の中の「中和」という仕事なのですが、話をしながら、相手に「自分はまちがっているのかな」と思わせるように会話をリードしていく、そういうこともやっています。相手を怒らせないようにしながら意見をしなければならないわけですから、相当なコミュニケーション能力が必要で、きちんとできたかどうか自信はないのですが、そんなことも頼まれるようになりました。

ＩＣというのは、経験を何でも活かすことが大切です。

6　ＩＣにもデメリットはある

◇ＩＣのデメリット

山田　ここで、外から見たＩＣのデメリットについてまとめておきたいと思います。

秋山さんの言うように、本来のＩＣはビジネスだということになるのでしょうが、いわゆる「偽装ＩＣ」の問題も含め、ここではあえて弱い労働の側面を強調することになります。流通経済大学の鎌田耕一先生が「日本労働研究雑誌（№５２６）」で結構うまくまとめておられますので、それを参照しながらお話しします。

まず、言葉を定義しておきます。「業務委託」というのは、自営業者と企業の間で業務委託契約というのを結んでやる人（委託労働者）です。インディペンデント・コントラクターは主にこの業務委託に該当します。

なぜわざわざそう言っているかというと、よく業務委託と業務請負という言葉が混同しているからです。別に業務委託、業務請負のどちらの言い方でもいいと思うのですが、概念的に整理するためにあえてこういうふうに分けているのです。一方、「業務請負」というのは三者関係です。発注する企業が請負企業に発注して、請負企業が労働者を雇っている。製造ラインの請負とかがいちばん典型的な例です。

ここでICは、あくまで委託労働者に該当します。もしかしたら読者の中には、ICと言ったときに製造ラインの請負のイメージを持っている人がいるかもしれませんので、そこを分けるためにあえてそうしているわけです。

さて、そういうふうに委託労働者の一種としてのICを定義したときに、当然、企業と直接契約してるわけですから、雇用契約と委託契約の違いが問題になってくるでしょう。ここで「偽装IC」が問題となってくるわけですが、アメリカではこの問題が多く生じているようです。たとえば、一部の従業員を業務委託に切り替えた場合、実態は社員と同じではないか、社会保険関連の負担を軽くするために、そういうこと（偽装IC）をしたのではないかということで、裁判所で争われるということがよくあるのです。

日本では、この問題に関して、使用従属性基準というものがあって、要は、ICと言われている人が本当に独立して仕事ができているか。委託元企業からいろいろな指図があるのではないか。あるいは仕事に必要な道具やパソコンを借りるようなことはあると思いますが、あまりにいろいろなものを借りていて実質的に社員と変わらないではないかとか。そういうことを総合的に見て、チェックすることになるのです。

それを前提にしたときに、ICというのはいわゆる雇用者と比べてデメリットがあると思うのです。

一つは労働基準法の対象外になるということです。当たり前と言えば当たり前ですが、労働者ではないわけです。この点、本当のICであればそれでいいのですが、「偽装」の場合は問題になるわけです。

それから最低賃金は当然ありませんし、労働時間の管理もない。社会保障の問題でも、厚生年金も健康保険もないし、当然、失業保険もありません。労災もないですよね。

結局、いわゆる労働者に比べてこういうデメリットがあるわけですから、ICになるためにはそれなりの覚悟もいるし、条件が必要だということです。誰でもなれるわけではないし、少なくともスキルがないとできません。それから、社会保障のことを考えると、自分で様々な人生のリスクをコントロールできないとだめでしょう。さらに、教育という問題にも関係しますが、能力をアップするための計画も自分で考えなければなりません。これらは最低限ないと当然、だめでしょうね。

×　×　×　×　×

秋山　おっしゃるとおりですね。僕たちも言っている「ＩＣの要件」の一つは、やはりスキル、技能があること。少なくとも、当人がそう確信していることです。それから自己管理能力が高いこと。あとは状況が悪くなったりすることもあるので、何かあったからといって悲観的になりすぎない、楽観的にいけること。やはりこれは重要なポイントです。

山田　客観的に言うと、いまの二つが最低条件だと思います。そして、そういうのを前提にしたときに問題になってくるのはやはり「偽装ＩＣ」です。強制的に企業からＩＣ的にやらされるということがあると思いますが、これは避けるべきです。実際にはスキルもなくて、自己管理能力もない人に、できるはずがないのです。

したがって、そういう偽装ＩＣの問題に対してある程度きっちり基準を設けて見ないとだめでしょうということになります。実際には、使用従属性基準に基づいて裁判所が判断することになるのですが、基準が曖昧なこともあって、また、基準の各項目間で矛盾もあって、一審と控訴審で判決が変わるケースもあり、たいへんな状態なのです。

◇ＩＣの能力開発をどうするのか？

山田　労働の観点からいくと、どうしてもデメリットとして能力開発の問題が気になってくるのですが。

秋山　僕の場合は、最初にいた会社で企画マンとして仕事上の成長の限界が見えて外に出たということで、逆に能力開発ということがＩＣを選択する要因の一つだったのですが……。

そもそも能力開発とは何かということから考えれば、ＩＣだと能力開発をやれないなどということはないと思います。ホワイトカラーの場合は、どういうものをインプットして、どういうものをアウトプットするか、その過程での内部の処理プロセスの高度化が、能力開発の中心になりますよね。そういう視点で行くと、同じ会社にいたら、インプットからアウトプットに至るプロセスのバリエーションが限られてしまうでしょう。ただ、一つの会社にい続けると、インプットからアウトプットへ至る間のスピードだけはものすごく速くなるのです。使われる回路が完全に固定化され何度も使われますから、思考が自動化されものすごく速くなるわけです。本来はもっと多様で複雑な回路を構築できるのりしろを人間はもっているのにそこは開発されない。にもかかわらず、多くの人は、スピードが速くなったことをもって成長したと言うのですね。これは大きな間違いです。

それで、他の会社に行くでしょう。そして他のプロジェクトに入って、しかも内容も違うと、どのように情報をインプットしていいかまったくわからないのです。フォーマットも違う。フォーマットというのは前にお話しした「ロケのインカム」も「売上」もわからないというものですね。リクルートでの売上といわれたら、企業からのスポンサーのお金ということに固定されています。でも、会社が変わると売上という言葉の意味さえ違ってくる。ということは、一つの狭い世界の中でインプットからアウトプットまでの流れが速くなって、上手になったと褒められて、その会社の中だけで、上にあがっていくことよりも、ＩＣのように複雑の会社を移動している人間の方が、圧倒的にレベルがあがると言えるのではないでしょうか。

たとえば、会社の採用の専門家として業務委託を受けても、会社によっては、面接の仕方を変えなければいけない場合があるでしょう。面接のポイントの置き方も違ってきます。これは一つの会社の採用だけをやっていたのではわからない。会社を変えることによって、はじめて自分の見方が一面的だったことに気づくものです。

会社を移動することによって、インプットからアウトプットへのプロセッシングをまったく変えなければいけないわけですから、そこで、自分の手持ちの情報処理回路が一気にグーッと広がる人と、一瞬、ガタガタに崩れてしまう人とがいます。しかし、どちらであっても、その経験によって、レベルはぐんと上がるものなのです。

たしかに、いまの会社のシステムでは、いろいろなことを内部で経験させていき、人事だけでなく経営もできますというふうに幅ができていくのが長期雇用のいいところだと考える人もいるでしょう。一方、ＩＣのような働き方では仕事の内容が決まっているのだから、幅は身につかないと。その点については、僕も否定はしません。企業のゼネラルマネジメント、つまり経営のプロになる上で知っておかなければならない項目のそれぞれについてきちんと学んでいくというプロセスがあれば全体感が身につきますから、ゼネラルマネジメントにいく人にとっては正しいキャリアパスだと思います。でも、実際にそこまで行く人は、いったい何人いるでしょうか。結局、現実には、経理でも一人前ではない、人事でも一人前ではない、企画でも一人前ではない、そういう人ばかりたくさんいると思うのです。

定年までつとめ上げることは幸せだと思う

ぼくが言うのはたいへん逆説的なのですが、最初から最後まで一つの会社にいて、「今日で終わりです!」って、花束もらってというのは、すごく幸せだろうなと思います。

プロ野球巨人軍の工藤公康投手が二百勝を達成しましたが、巨人ファンは彼をどこまで褒めたたえることができるのだろうかと思うのです。彼の二百勝には思い出を共有できるものがない。工藤とともに歩んだ二百勝という感じがないでしょう。むしろ、工藤に奪われた日本一とか、「あいつは投げるだけじゃなくて打ちやがった」みたいなね。だから、巨人ファンのなかには、素直に褒めたたえる気にはならなかった人も結構いるのではないかと思うのです。それよりむしろ、桑田真澄投手に二百勝させたくなるでしょう。ともかく、自分の生き方がその対極にいっているだけに、「ああいうのも幸せだなあ」と、うらやましいなと思うことがあります。

実は、ＩＣ協会の会員に、「この協会ができるのを十年以上待っていました」と言われたことがあります。「私は毎年四月の花見の時期がきらいでした。席取りとかあって社員の方はいやかもしれませんが、お酒飲んだりして、みんなで盛り上がっているクライアントさんが何社かあるのですが、私はどこにも入れず一人でいつも寂しい思いをしていました。ところがこれからは、協会で花見できますね」って、そう言われたのです。

たしかにそうなのです。だから、二〇〇五年は盛大に花見をしようと。やはり、いちばん盛り上がるのは飲み会ですからね。

一般の多くの方は必ず何らかの組織の中にいらっしゃるから、逆にその組織の中で「自立」ということを強調されますよね。しかし、僕らのように組織から切り離されてしまうと、人間は一人で生きられないことに気づいてしまって、何らかの連帯、心の拠り所となる人の輪みたいなものが欲しくなるのです。

◇ⅠＣには年金はいらない

秋山　最近、国民年金の未納問題が話題になりましたが、正直なところ、こうした年金の話は苦手です。僕は日本人的ではないのかもしれないけど、そもそも自分の将来を国や会社に見てもらわなくてはならないという感覚がよく理解できないのです。だから、自分の将来のための年金であれば自分で運用したほうがいい、信用できるプロの友達に任せたほうがずっといいと思ってしまうのです。国に支払うのが当たり前になっていて、その「当たり前」を前提にして改善とか改革とか言われても、よくわからないというのが本音のところです。

山田　いわゆる自営業者というのは、あまり年金に入りたがりませんよね。彼らの感覚として退職というものはない、極端に言えば死ぬまで働けるわけです。つまり、年金というのは雇用とセットになっていて、退職のない自営業者には必要ないことなのです。しかし、サラリーマンは定年がありますから、引退後の生活費がいるという話になります。それから、能力のある人は、たしかに自分で運用したほうがいいと思います。もともとが金持だったり、年収の高い人は、自分でやったほうがいい。ただ、世の中はそういう人ばかりではないですよね。だから、世代間の助け合いというか所得再配分、そういうところから年金制度というのは出ているのです。

秋山　これからも国がやっていかなければならない制度なのでしょうか。

山田　国民の老後生活の最低限を保障する限りにおいて、世代間の助け合いとか、所得再配分機能といった観点からすれば、必要と言えるでしょう。その意味で基礎年金は必要だと思います。問題は厚生年金という制度が時代に合わなくなってきていることです。ＩＣだけでなく、派遣が増えるなど、就業形態が多様化してきているなかで、厚生年金に加入できる人もいれば、できない人もいる。働き方が多様化してきているのにもかかわらず、いまの年金制度というのは、結果的に、正社員として働くことを優遇するものになってしまっている。

秋山　企業側から見れば、一生面倒をみるかわからない人に年金の掛け金まで払ってやらなければならないのかという疑問が浮かんでくるのではないでしょうか。僕の考え方からすれば、仕事の契約をしているのだから、企業は個人の将来まで考える必要はないと思うのではないかということです。一方、個人の側から考えると、企業側にいま、そんなに余裕があるのなら、いま僕にくれと。僕はその分をいま使いたかったら使うし、将来を考えて運用したかったら信用のおける優秀な人に任せるから、というわけですね。そのほうが合理的だと思いますよ。

山田　要するに、昔の考え方で、「お金を持たせておくと使い込んでしまうのではないか」

というわけですね。だから、おせっかいなことに「強制的に老後の生活資金をつくってやっているのだ」と。でも、最近では、本来そうしたことは自己責任だというふうに風潮が変わってきています。特に、厚生年金の部分はそういうことなのではないかと思うのです。もちろん、基礎年金のところは別ですよ。

秋山　社員が年間八百万円をもらっているとします。そうすると企業は年金や保険などの分も含めて一千万円くらい払うことになるわけです。社員だったら「僕に一千万円払ってよ！　それで、国民年金の基礎の部分は払うけど、後はどう運用しようと個人の勝手でしょう」と言いたくなりませんか。

山田　ＩＣの場合は、能力があれば定年はないということが言えますよね。そうすると、秋山さんの考え方でいいのですが、サラリーマンには退職というのがあって、退職後の生活をするためには年金が必要となるというのですね。しかしいまや年金に対する不信が募り、支払わない人が増えて、少子高齢化の進展もあって、結果として給付水準も下がってくることになるわけです。その時に、一つの選択として、将来が不安なら退職のないＩＣになってずーっと働くということも考えられる。

秋山　いまの時代、定年だからという理由でリタイヤメントするものでしょうか。昔の六十歳や六十五歳と違って、いまはすごく若いでしょう。働き方が頭脳労働なら、体力はそれほど使わないから働き続けることはできますよね。

山田　だから、年金の給付時期をずらすという話になってきているのです。今後、年金の支給開始は徐々に六十五歳まで遅らされることが決まっていますが、将来的にはもっと後にずらさないといけない状況にあります。当然、定年延長も議論になってくる。

秋山　ただ、そうは言っても六十歳代前半で社員として専門性をもたない人をどう処遇すればいいのでしょうか。早い時期に、レベルは別として自己研鑽して専門性を磨いた人は何とかなるけど、飼い殺しのように六十五歳までひっぱれと言われてもいやですよね。

山田　五十五歳くらいになったら、普通は住宅ローンがなくなります。子供も大学生くらいにはなる。だから、そこで雇用契約を一回打ち切るという考え方もできます。五十五歳ですぐにできる人はＩＣという道を選択する。そうでない人には、移行期間のようなものを使って支援して、その間に専門性を身につけてもらい、その後ＩＣとして独立していければ、別に定年の六十歳で引退する必要はないわけです。

秋山　うーん。四十代くらいから自己研鑽した人の五十五歳はすごいと思いますけど、五十五歳から五年間研鑽した人が、はたして市場で通用するかは疑問ですね。結局は、嘱託として安く補助的なことをやっていただくしかないのでしょうか。

山田　それはありますね。でも、我々くらいの世代の人間にとっては、いまのような状況であればＩＣというのはいい選択だと思いますよね。それによって、定年の時期を自分で決めることもできます。

◇健全なビジネスなのに健全な融資がなされない！

ＩＣという立場で働くようになってから、いろいろつらい思いもしてきましたが、その一つになかなかお金を貸してくれないというのがありました。

幸い、僕はそれほど資金的に困ったことはなかったのですが、冗談半分で、某大手銀行に、ＩＣとして働くような人のための個人向けのローンを作ってくれるように言いに行ったことがあるのです。まあ、予測通り丁重にお断りされましたが。

ところが、これまでお話ししてきたように、ＩＣの実収入は普通の会社の社員より多くなり得るのです。きちんとした経歴があって、ＩＣとして働くことができれば、借入金はほとんどきちんと返せるわけで、決してリスクマネーではない。でも、銀行の人から見れば、その人が有名大企業の社員で八百万円の年収であれば上客、その会社を辞めて独立したら論外という存在になってしまうのです。一応は知ったような顔をして「世の中にＩＣで活躍している人は沢山いますし、秋山さんの言う通りです。でも、うちではできません……」という返事。そして、「×○銀行なら大丈夫じゃないですか？　社長さんは外国人だし」と勧められるのがオチです。

彼らは、貸出先としての個人という存在をきちんと審査したことがこれまでなかったのだと思います。〇〇会社の××という役職にいる人だから△△万円までは大丈夫とかって、その人の所属している会社でしか審査できない。

実際、ＩＣのような人専門の銀行ができるという可能性はあると思っています。ただ、個人がどれだけ稼げるかということも評価することはかなり難しいのです。ＩＣの場合は営業力がないとだめで、ネットワークに加えて、自分を売り込むということが必要です。なかには放っておいても仕事が来るような人もいますが、普通はなかなかそうは行きません。どんなに優れた能力があっても、どれだけ稼げるかはわからないのですね。

ただし、過去の経歴というのははっきりしているものです。ＩＣとしての実績も一、二年後には出てくるものですから、実績を積んだ段階で、その個人を優良企業のように考えて融資を検討するという方法はあるはずです。それで銀行の人に、「そういう人向けの事業始めたらいかがですか？　そうしたら御行のブランド力も取り戻せますよ」なんて言うのは、実はちょっとした楽しみの一つになっています。

×　×　×　×　×

秋山　現実的な話、融資については消費者金融のほうがすぐやれそうと言う人もいるのですが、実はそんなに簡単ではないのですね。ＩＣという人の場合、消費者金融の通常の審査能力からは外れてくるもののようです。ある人材マーケットのリサーチをやっている人と、「評価能力があって個人の資産状況も審査できるような、個人の格付けをする会社をつくるか」という話になったこともあります。

山田　お金を貸すためには審査が必要です。そのときに、企業であれば過去の情報の蓄積が既にありますから、すぐに審査できます。これに対して、個人の場合には、住宅ローンのようなある意味での担保が付いているものとか、富裕層の既に資産を持っている人向けとか、ある程度貸し倒れすることを見込んだ消費者金融のような小口の融資かという話になってしまうのでしょうね。

秋山　僕が銀行のトップだったら、ICの分野をもっと開拓できると思っているのですけどね。ともかく、トライ・アンド・エラーでそれなりに実績を収めていきながらデータをとっていかないと、どれくらいの貸し倒れが起こるかわからないわけです。いま、それを最初にやり始めて蓄積していけば、将来的にはそこに圧倒的なノウハウがたまることになるでしょう。というふうにあちこちに声をかけてみて、一緒にやってくれるところと楽しく商品開発するのが僕のいまの楽しみの一つですね。

山田　銀行も消費者金融会社と提携するなど、考え方が変わっているようにも思いますが。

秋山　僕は、個人のネットワークである銀行のトップに会ってみたのですけどね。だめでした。ただ最近は、いくつか話を聞いてくれるところも出てきているので、逆に、僕の話を断った大手から「知恵を貸してください」って言われて、「そうですねえ、五年前くらいに来てくれればよかったのに」って、言ってやりたいなあって思っているのです。

◇なかなかＩＣは理解してもらえない

いろいろいやなことも経験してきて、いま、僕は、個人をベースにした社会のつくり直しのようなことをしてみたいと思います。

実際、ＩＣというのが理解してもらえなくて、フリーターと一緒にされて不動産屋にも説教されたことがあります。マンションを買おうとして手続きをするときに、職業欄に上手く書けなくて説明したら、「会社員として正式に勤めてこそ一人前なのだ」って。

それから、多くの会社では入館証というのが必要でしょう。受付で入館証をもらおうとしても、渡される書類には必ず、自分の名前の前に会社名と所属を記入するようになっていますよね。どこそこに所属しているということが必要なのです。電話の応対でも同じです。僕は「秋山と申しますが」と言うしかないわけですが、そうすると必ず「どちらの秋山さんですか」と聞かれます。

まあ、最近は、企業によっては少し状況が変わってきたところもあります。

たとえば、先ほどの融資の話の続きですが、二、三年前にはまったく相手にしてもらえませんでしたが、最近は、ＩＣのような存在がいることは認識されるようになってきました。おそらく、周りにそういう人が出てきたからだと思います。しかも、ダメな人間が会社を辞めていくのではなく、将来を有望視されている人が辞めて独立しようとしているケースも増えてきているようなのです。むしろエリートの世界でのほうが〝市民権〟を得られているように思います。

◇どこにも所属しないことの怖さ

皆さんはいままで、何も所属なしという状態になったことはありますか。僕は、インディペンデント・コントラクターになるまでの間でいくと、二週間ぐらい、大学に落ちて予備校に受かるまでの間ですが、どこにも所属していない状態になりました。そのとき、「これでもし予備校に受からへんかったら、僕って何?」という感覚が生まれました。身分証明書というものを持たない自分は何者なのだろうと、すごく不安な気持ちになったのを覚えています。だから、予備校に受かって、一応、自分を証明するものができたというのがすごくうれしくてほっとしたものでした。

ところがリクルートを辞めて、はからずも独立することになっていたわけですけど、そのときから「僕」という存在を所属集団なしに語るという状態になったのです。そして「あなたは誰ですか」と毎回聞かれるたびに、いちいち自分のことを、ああでもない、こうでもない、と説明してきたのです。そして、インディペンデント・コントラクターという言い方を見つけてやっと説明しやすくなった。そんななかで、自分は何者なのか、何ができるのかというのを模索しながら見つけていって、はじめて自分のアイデンティティというものを組織を語ることなく確立できたという感じがするのです。

自分の父親の世代もみなそうですが、結局、所属集団ありきで来て、現実は会社の中の課長さんとか部長さんといったところにアイデンティティの拠り所の大きなものを持っていたのです。本当の意味で自分のアイデンティティを固めていたというのではなくて、枠があってその上に乗っかっていただけだと思うのです。その人が、いきなりリストラされたら、アイデンティティの柱がガクッと崩れてしまうことになります。そうなると、家の中でも、「会社で部長をやっているお父さん」「そこでちゃんとお金を稼いでくれている人」というのがなくなって、そこでも崩れてしまうくらい大きなものだったわけです。だから、リストラにあったときに、みなヘナヘナになってしまったのですよね。同じ状況であれば、間違いなく自分もそうなったと思います。

× × × × ×

秋山　山田さんはいままで、何かに所属していなかったことってありますか？

山田　ないですね。

秋山　そういう経験のない人ばかりがエリート層を構成してきたのが、これまでの社会の構造なのです。まあ逆に、所属なしということで開き直ってしまうととても楽で気持ちいいものですが。ともかく、いまやIC協会つくるなんていうと、好意的に受け止められて、いろいろなところでよくしてもらうことも増えてきましたから、それはうれしい限りです。

山田　いろんなところで、環境が変わったということでしょうね。

秋山　そうです。メディアの人なんかは特に好意的ですね。数年前とは大きく変わりましたよ。

山田　でも、他の多くはまだまだでしょう。

秋山　変わってきていますが、まだ少数ですね。でも、大企業にいるからエライという感覚はいまでもあるのでしょうか？　むしろ、ベンチャー企業でがんばっているほうが、「アイツすごい」っていうふうに変わってきていますよね。大企業で次長とかになった人に対しては、「苦労しているんだろうな」って感じで、決して成功者だとは見なくなった。

山田　私が働き始めた頃は異業種交流会がはやっていましたが、五年くらい前に、そのメンバーで損保会社に勤めていた人がベンチャーキャピタルの発起人になったことがあって、みんなで喝采したものです。逆に、いまは大商社などでずーっとやってる人などは、「これで終わっちゃうのか」って焦りがあったり。

秋山　大企業の人が、格好良くなくなった気がしませんか？　本当は、それはそれですごいことなのですけどね。僕の父親からみたら、関西電力の部長ですと言えば立派なことだったけど、いまは、そう言われても「フーン」って感じになってきましたよね。大企業神話はなくなったと言える？

山田　なくなってはいないと思いますよ。私たちが就職した頃は、間違いなく大企業を希望する人が多かったでしょう。そして、実際に入ってみて、いろんな環境を知り、上の人たちとぶつかり、そんななかで同世代の仲間と集まると、「大企業って、別にたいしたことないよね」ということにはなるかもしれないけど、まだ半分くらいは、大企業神話を信じていると思います。多くの人に、感覚的に大企業神話は残っているのではないですか。

秋山　たしかに、いまのもっと若い世代になると、逆にまた安定したところに入っていたほうが得だというふうにもどっていますよね。社会人になる時の景気の良し悪しで、人生どういうふうに生きるか変わってしまう。

山田　私の周りで言えば、エリートとして日本興業銀行に入社した人が、いまはベンチャー企業のCFOになっている。それってすごいよねという話にはなります。みずほ銀行の○○部門にいるからすごいのではなくて、外に出てCFOなのだっていうところがすごいという感覚も、大企業神話の一方で持っている。そう、ちょうど中間の世代なのかな。

秋山　そうやって考えると、僕は思い切りバイアスのかかったコミュニティでずっときていますから、一般的感覚とはずいぶん違っているのだろうなと思います。もともとの会社にそのままいる人のほうがやっぱり普通なのですね。

山田　外に出る機会があったとしても、移るということでまたハードルがあるのではないですか。チャンスがあっても、大企業から離れることは普通、考えてしまいますよ。つぶれない会社にいて、とりあえず生活が保障されているわけですから。

秋山　そうですよね。リスクがありますからね。

山田　私の知り合いに、転職を考えていたのですが、たまたま中途採用の書類審査の担当をして、自分と同業の中小の他社では年収がいくらかがわかって、やっぱりいまの会社にいようと思ったという人がいます。

秋山　大手企業ってやはり給料は高いですよね。中堅・中小はおしなべて見ると低い。特定のベンチャーに、社長の片腕として入るというのなら別ですが。それに、ベンチャー企業も、最初に引っ張ってくる時はこれくらいの年収にプラスこれもつけるからと言われるわけで、経済的には恵まれたものになるかもしれませんが、実際に入ると、社長から「白鳥は黒い」と言い切られたら、「はい黒いです」と答えなければいけない状況になっていくわけですからね。

山田　一般には、ICというのは所属がなくなる、つまり独立ということなのでしょうが、私は、所属がなくなるというより、職業に対して所属していくようなイメージでとらえているのですね。

秋山　ポジティブな言い方をするとそうです。自分でなりわいを決めて、その機能を拠り所にして、今度はクライアントとして契約を結び関係を結び直す。ただ、その前の大きな出来事は、所属集団がなくなるということなのですね。なくなった段階から、自分はどうやって人や社会と関係を結ぶのかが問題になるのです。そのときに「私は何々屋です」ととりあえず表明して、それによっていろいろなところと関係を結び直すという行為は、実は、自分のアイデンティティを確立し直す行為なのだと思います。

山田　おそらく、精神的な意味でICになるときの非常に大きなハードルはそこなのでしょう。その一つの解決は、職業に対する思い入れです。もう一つは、自分のものすごく好きな趣味というか、別の、芝居なら芝居というところにものすごく価値を置くわけです。適当に好きというのではなく、ものすごく好き。それをやっているとすべてを忘れるぐらい好きなものを持っているとか、あるいは家族に対してものすごく思い入れが深いとか、何か、絶対自分を意味づけるものが必要になる。

秋山　そうですね。会社の中で所属がなくなるとしても、別なところで意味づけができる人のほうがかえって思い切りやすいかもしれません。自分の中で、会社に依存してつくられたアイデンティティではなくて、芝居大好きとか、家族とともにいることが大好きなお父さんといった人格が確立していれば、むしろ逆に、仕事の部分は仕事人格としてもう一個つくればいいぐらいの感じで進んでいけるのかもしれません。

山田　関連する話だと思うのですが、日本人はよく個が確立されないと言われるでしょう。ではその個とは何なのかというと、関係性なのです。複数に関係することで個は確立するのですよ。たとえば、ヨーロッパでは、すべて生まれたときからずっと複数の世界に属しているというのです。生まれた瞬間、家族という社会と教会の世界がある。会社に入れば、会社と地域社会。あるいは、自分の職業の専門団体に所属する。だから、常に自分というものを複数に定義していくことになりますよね。そうすると、どこか一つがつぶれても強いわけです。勝手に生まれて完全に独立して自分があるのではなくて、複数に自分を定義することで、バッファを持っている。そのことが結局、自分の安定した関係というか立場をとれるということにつながってくるというわけです。

この点で、会社人間でいくと、会社から否定されたらもうアウトということになるでしょう。

秋山　ほかに寄るすべがないというか、そういう状況になりますよね。ただ一方で、日本の昔の会社というのは、そこまで没入するほど魅力的なところだったんだというふうにも言えますよね。

山田　魅力というか、それ以外に選択肢がなかったからかもしれませんけどね。

秋山　そこまでやり続ければ勝者になる、そういう幻想を抱かせて……。

山田　よく、娘の結婚式まで親会社で、本社でいたいというのがあるでしょう。本来それとは全然関係のないようなところでも、会社のブランドのようなものによって、自分の存在価値を証明しているわけです。そういう存在として考えているから、仕事が全然おもしろくなくても、やはりないと困っちゃうわけですよ。

気を感じない若い人々

なれるかどうかは別にして、少なくとも何かをしようという意思がなければＩＣにはなれません。そういう意味で、最近、残念な思いをしたことがあります。

ある名門大学で講師を務めさせていただいたのです。多くの学生さんを前に、お話をさせていただいたのですが、まったく「気」を感じないのです。話がつまらないから居眠りをしているとか、そういうことならいいのですが、ちゃんとこっちを向いて、みんなお行儀よく話は聞いてくれているのです。ところが「君たち生きてますか?」って聞きたくなるほど、発散するエネルギーを感じない。

エネルギーというのは、自動車のエンジンと同じで、高い回転数で回さないと、永遠に回転数は上がらないものだと思います。いつも、二千～三千くらいの回転数で安全に運転しているとなかなか八千回転には上がらなくなってしまうものでしょう。それと同じで、きっと彼らはエネルギーを発散したことはないのでしょう。マニュアルどおりの勉強やゲームは得意かもしれません。しかし、ちょっとしたイタズラでも何でもいい、子供の頃ハチャメチャなことをして叱られる、そういうことは経験していないのではないかと心配になりました。

ＩＣとして生きていくかどうかは本人の考え方ですが、正社員で成功するにも、起業して頑張るにも、ある瞬間、ものすごいエネルギーを発散する必要があるものです。本当に彼らは大丈夫なのか？　これでは、いくらキャリア教育を充実させていってもムダなのではないかなと、これから先を考えたとき、すごく寂しくなりました。

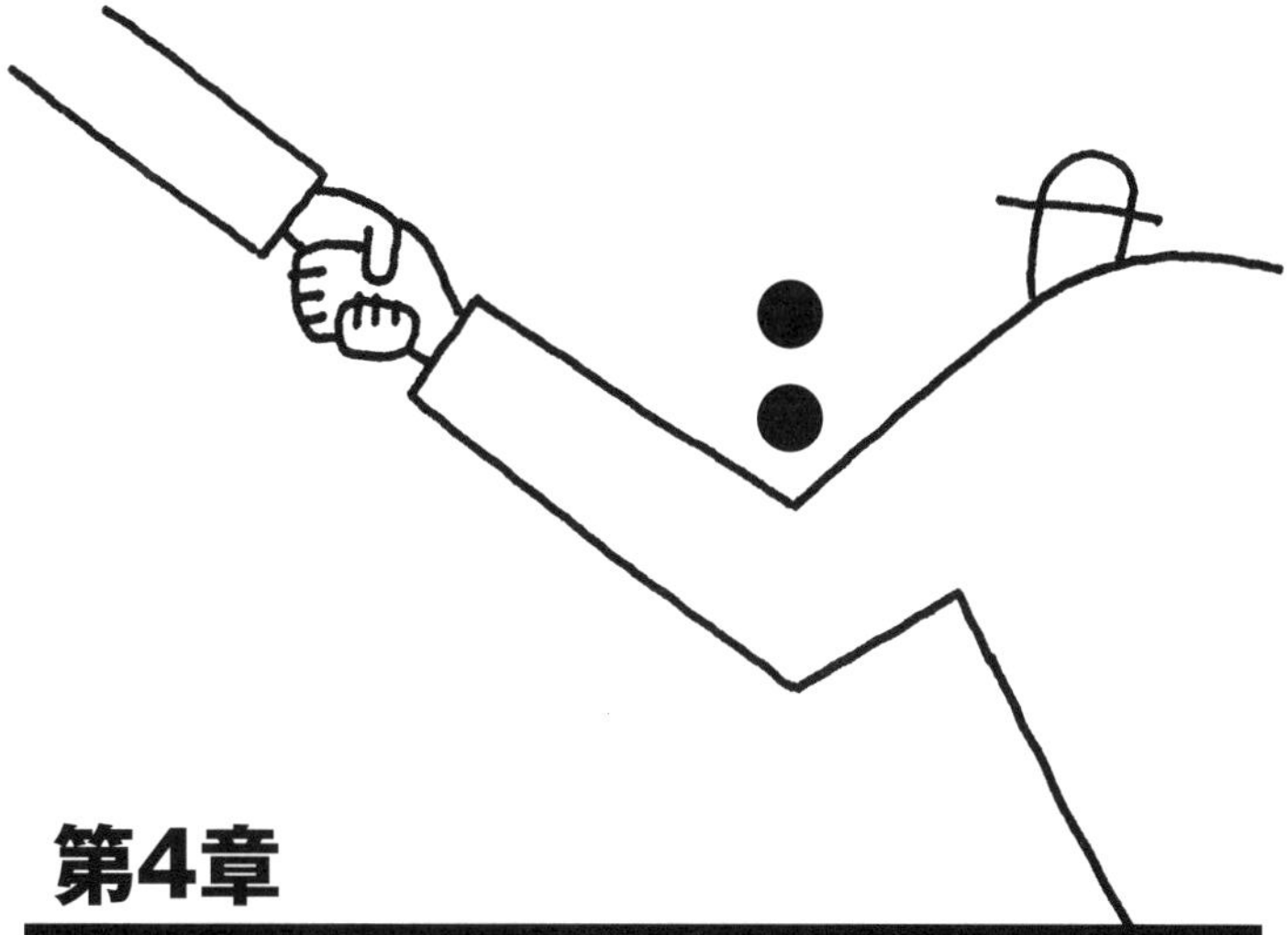

第4章
顧客の獲得は難しい?

1　ＩＣに仕事が発注されるまでの困難な道

◇過酷な障害物競走

ＩＣとして仕事をとるというのは、決して簡単なことではありません。特に大企業の場合は最終的にＩＣに仕事が落ちてくるまでには、いくつものステップがあります。

いま逆に、自分が発注者側の立場だと仮定すれば、最初に「こういうプロジェクトをやろう」という発想が出てくるところから始まります。商品開発でも、あるいは営業の仕組みづくりでも、基本は同じです。そして、実際にそれをどういうふうに進めていけばよいのか、どういう人員が必要になるのかということを考えると思います。そこで、次には、社内に適当な人材がいないか探すはずです。そして、いい人材がいればその人をこのプロジェクトにとってこようと考えます。ただ一般に、会社という組織では、人を異動させるというのは簡単ではありません。あるいは仕事の量として考えると、わざわざ異動させるほどのものではないというケースもあります。

そこでやっと、「では、社外に誰かいないかなあ」と考えることになります。その時に、何らかの形でその人の頭の中に残像のようなものがあって、「ああ、そういえばあの山田さんはこういうジャンルは得意だったよな」と思い出してもらえると、やっとＩＣの仕事のとっかかりができる。それで「彼はいま何をやっているのだろう」ということで、電話やメールをしてみようかということになるのですね。

ただ、ここで一つ重要な問題があります。実際に電話やメールをしてみようかとなったときに、普段から整理の良い人であればすぐに名刺やアドレス帳から探し出せるのですが、たいていは雑然としていますし、普段お付き合いがあるわけでもないので、なかなか当の山田さんのアドレスが見つからないことが多いのですね。もちろん、いまは登録さえされていればメーラーで「山田久」と検索すればすぐに出てきますからまだいいのですが、電話ですと本当にたいへんです。名刺のファイルをめくって山田さんを探している間にほかの人の名前をみつけて、「あっ！　彼がいたじゃないか」なんて思われてしまったり、忙しければ、「まあ、後でいいや！」ということになりかねません。

そういう意味では、やはりメールの存在は大きいです。一度でもメールを交わしておけば相手のメーラーにデータが残りますから、ＩＣにとっては重要ですから、繰り返しになりますが、一つのアドバイスとして、名刺交換する機会があったら、何でもいいからすぐに相手にメールを入れておくことをお勧めしています。

ともかく、こうして初めて、発注者がＩＣに連絡をするという段階にやってくるのです。

2　困難はまだまだ続く

◇発注者と自分のミスマッチ

ここまででも、仕事を取ることの難しさはご理解いただけると思いますが、実際に契約までこぎ着けるには、まだまだ遠い道のりが残されています。

まず、発注者は最初に「山田さんはこんなことできましたっけ？」という問いを発してきますが、実はこの段階では、ＩＣから見た場合の「はずし」も多いのです。というのも、実際にＩＣとしてできることと、相手が自分に対して抱いているイメージとの間には結構、ギャップがあるものなのです。

たとえば僕も、かつてリクルートで「リクナビ」の開発をしたことを述べましたが、そのために、僕のことをウェブでホームページをつくるのが得意なのだと思いこんでいる人がいます。勝手に自分とは違うように解釈されていて「こんなホームページをつくりたいのだけど、秋山さんやってくれませんか」と言われる。「えっ、僕が何をすればいいんですか？」と聞くと「だって、ホームページ得意でしょう」と。

実際、こういうケースは多いと思います。僕だけではなく、たとえばリクルートのＯＢでＩＣになっている人が結構いますが、リクルートというと人材関係の会社というイメージが強く、人事のことが得意だと思われている場合が多いようです。それで、そういう発注がくるのですが、実際には人事のことはやったことがないという人が大半なのです。

次に、「山田さんはこんなことできましたっけ？」という問いに「できます」と答えたとします。そうすると今度「どれくらい得意でしたっけ？」ときます。「何か実績がありましたか？」と。そこで、実際に過去にいい成果を出していて、自分もやってみたいなと思えれば、やっと次の段階に進めることになります。発注者から「ちょっと、やってみる気はありますか？」と聞かれれば、これが最初のステップのクリアということです。

◇発注者だけでは決められない

たまたまハッピーなことに、そのときには仕事が詰まっていて、とてもできないということであれば別ですが、たいていは、「それではやらせていただきます」ということになります。

ただ、それで決まるわけではありません。「それでは上に聞いてみます」ということになります。というのも、社員で何かをやる場合とは違い社外の人を使うわけです。お金も外に出ていくことになります。ですから、当然のこととして決済をとる必要があるわけです。決済も、「はじめての取引先との口座を開く」ということですから、会社によっては審査が行われることもあります。仮に、上の人がオーケーしてくれても、口座が開けなくてだめになってしまうケースもあるのですね。それだけでもたいへんなことなのです。

そういうこともあって、たいてい上の人は、ＩＣの経歴書を見ただけでは納得しません。「一回連れてこい。どんな人間か直接顔を見たい」と言うものです。それで、わざわざ出かけていって、自分が何者であるかを説明しなければならないことも多くあります。実際、僕にもそういう経験があります。

本の校正や編集をやっている人が、新しい出版社で仕事をしようとすると、たいていは、どこの出版社のどういう仕事をしていたかを聞かれ、一流と言われるところで仕事をしているようだとかなり有利になる、つまりすぐにでも仕事をもらえるという話を聞いたことがありますが、まさにＩＣはそういう世界です。前の仕事がどういうものだったかは非常に重要で、そこで魅力的な実績があればやりやすくなります。会社勤め時代も含めて、どういう仕事をしてきたかは、その人の信用を高めるうえでたいへん重要です。

×　　×　　×　　×　　×

山田　会社というのは「前例主義」で動いているところがありますよね。大きな組織になるほどそういう傾向があります。そういうなかで、秋山さんもそうだったと思いますが、ICというのは最初の段階はこれまでほとんどなかったケースでやるわけですよね。だから、かなりハードルは高いと思うのです。

秋山　すごく高いですよ。

山田　そうですよね。たとえICについて理解できて、これは頼んだほうがいいと思っても、では、契約をどういう形にしたらいいのかというところから考えていかなければならなくなる。

秋山　契約については後ほどお話ししますが、その前の段階で一体どれだけ信用できるのかというのが問題になります。ですから、すごいチェックを受けることになります。最も理想的なのは、プロジェクトを発案してICを使おうと考えた発注者が、その会社のトップや部門のトップから抜群の信頼を得ていて「あいつの言うことなら大丈夫だろう」と思われているようなケースで、そういう場合には比較的すんなり話が進みます。しかし、大企業の場合は、仮に発注者がそういう存在であっても、一般には資材部や購買部のように発注先の審査をする窓口は、癒着が起こらないようにきちんと分けられていますから、新しく取引の口座を開くに際しては、必ず別な部門からのチェックが入るのです。そういう意味では、ＩＣを使いたいと思っている担当者の方もたいへんだと思います。いちいち、社内の関連の部署に「なぜ、このＩＣが必要なのか」を説明してまわらなければならないわけですから。

◇道のりはまだ半ば

そういうわけで、組織の上層部の人たちは必ずと言っていいほど、「一度会いたい」と言ってきます。僕も「偉い人に会ってくれ」と言われて何度かそういう経験をしていますが、実際にそこで何かの仕事上のチェックを受けるかというとそうでもない。要するに顔を見たいだけ、なのですね。直接顔を見て「こいつ本当に大丈夫か」を判断したい。

ですから、某有名会社の役員の方にお会いして、阪神タイガースの話をしたり、京都の観光地のことについて雑談したり、そういうことをした経験があります。「オレ、何しに来たんだろう」という感じでしたけどね。

結局、先方からすれば、経歴を見る限りは大丈夫だろうという判断はあるのでしょう。それでも直接会って、大丈夫かどうか決断したいのです。やはり「顔を見ればその人のことはわかる」という方は多いのです。でも、そのときに仕事の中身を聞いてもよくわからないわけで、結局、雑談するということになるのです。

さて、こうして、組織の上層の人からオーケーが出ても、それで終わりではありません。まだまだ道のりは遠いのです。

きちんとした組織ほど、たいていそうなのですが、「個人に対して仕事を発注する習慣がない」わけです。個人には発注しないという内規のある会社も多い。実はそういう経緯で僕も、有限会社・秋山進事務所というのをつくることになったのです。会社組織にしてありますが、社員は一人もいません。僕が全てをやっている一人事務所です。プロジェクトの発注者から会社組織にしていないと仕事が出せないので会社にしてくれと頼まれたので、有限会社をつくったのです。でも結局、その会社の仕事はしなかったのですけれど。

もう一つ、必ず言われることが、「あなたに発注する明確なメリットが必要です」ということです。「それがないと、上が最終的にオーケーしてくれない」ということなどですが、このメリットとは、要するに「安い」ということです。

こうして、ようやく発注者であるプロジェクトマネジャーから、「これくらいの値段（条件）でどうか」という具体的な話に進むことになります。

×　×　×　×　×

山田　個人との契約はしないという理由は何でしょうか？

秋山　端的に言えば、リスクマネジメントです。発注した仕事はきちんとこなされなければばならないわけで、相手が個人ですと、たとえば病気になってしまったなどの場合にどうするのという問題が出てくるでしょう。もちろん、僕のような一人会社の形態であれば、会社と契約したからといってそうしたリスクは何も解消されてはいないわけですけど。

山田　労働法、労働者性との関係はあるのでしょうか。

秋山　実態は個人であっても、登記をした瞬間からは法人ですから、それは関係ないと思います。

山田　ただ、それは実態から認識していくものですからね。とはいえ、有限会社になっていれば……

秋山　一応、三百万円の出資金を積んでいるということで。ただ、そうは言ってもいまや一円で株式会社はつくれますから。そういう意味でも実態はなくなっていますよね。

山田　いずれにせよ、会社としては最悪のケースを想定していて、リスクを回避しようと思うというのはその通りですよね。相手が個人であれば、実体的には雇用者ではないかと言われかねない。裁判にでもなったら負ける可能性もあるのではないかと。

秋山　おそらく、多くの会社が個人に仕事を発注しないと決めたのはだいぶ前の時代のことですから、最近のような新しい働き方が増えてきたという流れのなかでは、そういう対抗手段としてというのはなくなっていると思いますけどね。

◇最大の山場、値段交渉

　こうして、いよいよ値段の交渉に入るのですが、実はこれが非常に難しい。

　発注側の戦略として、最後の最後まで値段の話はせずに、「じゃあ、こういうスケジュールでやってくれますか」ということがはっきりしてから金額の話をしてくるということがあります。ＩＣとしては、このやり方が一番困るのです。と言うのも、ほかにたくさん仕事があって、「条件が合わなければやりません」と言えるような立場で交渉することはまずありません。もう、スケジュールはその仕事のために空けてしまっているのですね。相手はそういう状況にあることを見越して、というよりも、そういう状況に追い込んでから金額の交渉を始めるわけです。

　そうなると、相手側の論理で、極端な話、いくらでも値段を下げられることになりますでしょう。もちろん、あまりにも低ければ「できません」と言えばいいのですが、少しぐらいこちらの希望より低くても、たいていは受けざるを得ないわけです。

　ですからいま僕のアドバイスとして、ＩＣ協会の会員には、価格の相場観を持ってもらうとともに、そういう状況に追い込まれないように気をつけてほしいと言っています。

　ただし、値段の交渉が済んでも、それからがたいへんなのです。具体的な契約は、まさに

ICが本当のブームになってきた

ジャスダックに上場しているセプテーニという、インターネット広告の代理店業務やDMの発送代行を行っている会社があります。先日、その会社のトップの方から連絡をいただいて、「インディペンデント・コントラクター制度」というのをつくろうと思うので少しアドバイスをしてほしいというのです。

具体的には、会社の中で本当に能力の優れた二人を、「自社の仕事だけをやらせていたのではもったいない。他の会社の仕事もできるようにしてあげよう」ということで、雇用契約を業務委託契約に変えたわけです。一人は執行役員で、もう一人はウェブマーケティングの草分けのような方です。まさにICとしてやっていける力量のある方たちです。

また最近は、IC協会のほうに「ICを紹介してほしい」と言ってくる企業も出てきました。

それから、前にお話した金融機関も、ICを対象とした具体的な商品の開発が進んできています。もちろん、金融以外でも、いろいろな会社からICに関わる商品やサービスの共同開発の提案を受けるようになりました。

ＩＣ協会の会員も、最初はリクルートのＯＢが中心でしたが、最近はリクルートＯＢは一割程度になってきましたし、いろいろな領域で活躍されている人が増えてきました。本当にうれしいことです。

3　やっと契約？

◇とりあえずやってみますか

さて、いよいよ発注ということになるのですが、実はこの段階でよく、「本当は一年はやってほしいのだけど、会社として、なかなか長期の契約を結ぶのはたいへんなのだ。それで、一年間続くという前提で、発注はとりあえず三か月ということにしたい。それで実績をつくるということで……」などと言われます。発注者側からすれば、そう言いたくなるのもわかるでしょう。「もし、期待通りの成果が得られなかったら」ということを考えるものです。

あるいは、「いやあ、上司はオーケーしてくれたのだけど、社内的には資材部門の了解も必要なんだ。その資材部門が、値段が高いといってゴーにならない。そこで、三割引でやってくれないかな」なんてことも言われます。

そうなるともう、「わかりました」と言うしかありませんよね。

ほかにもあります。「事業部長がうるさいんだよ。過去の職務経歴書を送ってくれないか」と要求されたりもします。

自分を売り込むことは難しい

秋山　自分を売り込むというのは本当に難しいです。どこまで売り込んでいいかがわからずに、僕も失敗したことがあります。
山田　相手に引かれてしまったということですか。
秋山　そうなのです。自分としては何を言い過ぎたのかはわからないのですが、ちょっとセールスが過ぎたのかなっていうことです。僕としては得意な分野の話を気持ちよくしていただけなのですけどね。
山田　ところで、契約の話の関連で、同業他社の仕事は永遠にできないのか、してはいけないのかという部分がありますよね。守秘義務なども関係してきますから。

秋山　最初から「二年はしない」と書いておくのがいいですね。

山田　相手から「永遠に」と言われても？

秋山　大体僕は「二年にしましょう」と言います。企業間契約には「永遠」というのは存在するのかもしれませんが、少なくとも個人の雇用契約の場合は競合には転職できないというのは効力を持たないですよね。基本的に競合の仕事を受けるつもりはないのですが、年限を決めておかないと契約の意味がなくなりますので、二年ぐらいにしておきましょうと言ってはいますけど。

それから、競合のとらえ方が難しい場合があります。ある会社と契約を結んだときのことですが、その会社はいろいろなことをやっています。そのすべてを将来もやらないというのは難しいので、僕の場合は、受けた内容から「○○関連の仕事については何年やらない」というふうに決めました。コングロマリットの場合は、どこまでを対象とするというのをきちんと決めておいたほうがいいです。たとえば、相手がソニーのような会社だったら、それこそ何でもやっているでしょう。だから「ここの領域」とか、「ここの事業部の仕事」というふうに決めて、そこをはっきりと書いておくべきです。

山田　ちなみに、協会として法律的なアドバイスはしているのですか。

秋山　協会の主要な機能の一つです。法律相談については、かなりの会員が利用されています。弁護士さんが無料の相談を受けてくれて、それを超えるところは有料にしています。やはり、もめることがあるのですね。たとえば、前にいた会社から「会社の商圏を侵害している」という内用証明付きの郵便が送られてきて、弁護士名で「何月何日までにあなたの見解を寄越せ」と。その人は経験も知識もなかったので慌てふためいて、「どうしたらいいか」と相談に来ました。実は、こういうことはよくある話で、弁護士さんのところへ行って、ちゃんと申し開きの文を書いて送れば、終わりなのですね。会社側は、「自分のいまのクライアントのところへは営業しに行くな」と、とりあえず牽制しておきたいだけなのです。だから、「行きません」と書いて送れば、それでオーケーなのです。もちろん、他に問題があったかどうか、そのへんは当人の話しか聞いてないので本当の事情はわかりませんが、通常はそういうことでよく、これもノウハウの一つなのですね。

◇やっとのことで契約成立

こうして、ようやく最終的な契約にこぎ着けます。

ただ、当然のことですが、いろいろな条件が付けられます。一般的には、たとえば「瑕疵担保責任条項」というものを契約条件に入れるように要求されます。「もし、あなたがつくったもので、当社が何か大きな損害を被ることになった場合には、全てはあなたの責任において賠償すること」という条項です。それから、著作権が発生するような内容の仕事であれば、「著作者人格権は行使しない、そしてそれ以外の権利については全て会社側に権利が移転する」という条項を入れるよう要求されます。「これがないと法務が納得しない」というわけですね。

さらに必ず、先ほど山田さんが指摘されたように「同業他社の仕事は（永遠に）してもらうと困りますよ」という要求もされます。ただ、この期間を永遠とした時、どこまで法的な拘束力があるのかわかりません。たとえば、個人が転職する場合にも同じような条件が付けられる場合がありますが、その場合には「半年から、せいぜい一年」と言われているようです。

そういう様々な条件が付けられてきますが、ようやくこれで契約書が交わされるのです。ただ、「やっと、これでICとして仕事ができる」と安心してはいけません。

予定をきっちり組んで「さあ、始めるぞ」と思っているときに、「ごめん、トラブルが起こっちゃって。スタートが一か月遅れそうだよ」なんて言われてしまうこともあるのです。契約書の結び方にもよりますが、普通は仕事の期間は明記されていても、それがいつからいつまでなのかは書かれていないことも多くて、そうなると、最初の一か月間は、予定が何もないまま、仕事もないから収入もない、そういう状態におかれてしまうことになります。あるいは、契約書が正式に結ばれていなければ、もともとの契約書に三月から六月とあったのを、その場で四月からと訂正して、「さあ、これにサインして」などと言われてしまうこともあります。

ともかく、これでやっと、ＩＣとしての仕事が一つ決まるのです。

×　×　×　×　×

山田　たいへんなエネルギーが必要ですね。

秋山　そうです。でも、こういうやり方の場合、一番、労力を必要とするのは実は、相手側の発注者、プロジェクトのマネジャーです。

山田　そうですね。いろんな調整はしなければいけない。プロジェクトは進めなければいけない……

秋山　たった一人でも、特にはじめて外部の人間を使おうとすると、ものすごいエネルギーが必要なのですね。ですから、逆に、プロジェクトマネジャーの力量がすごく高くて、社内的にも非常に信頼されているようでないと、実際には、契約を結ぶまでの間に話が終わってしまう場合も多いようです。また、その人の力量があったとしても、実際にスタートするまでには様々なハードルをクリアしていかなければならないわけです。要するに、相当力があって、忍耐もある人でないと、ＩＣを使うスタートを切るのは難しいということとです。

山田　ケース・バイ・ケースだとは思いますが、最初に話があってから実際に決まるまでに、どのくらいの期間がかかるのですか。

秋山　僕の場合でしか言えませんが、長いものでは半年というケースもありました。これは、ある時にまず講師として呼ばれまして、その後で「実は、そのプロジェクトを実際に来月から立ち上げようと思っているのですが手伝ってくれませんか」と言われたのですね。ところが、いざ始まってみると、「あれが決まらない」「こちらから待ったがかかった」といったことでズルズルと半年かかってしまったのです。ただ、その間に、おかげさまで僕自身が新聞や雑誌で取り上げてもらえるようになって、何となく信用も生まれてきて、プロジェクトマネジャーの方も最終的にはオーケーをとりやすくなったようです。特に、僕の場合、一般に一流と言われるマスコミで本も出させていただいたりしているので非常に交渉上も有利という面があります。こんな言い方をしてはいけないのですが、特に超大企業を相手にする場合には、僕らのような一介の人間が仕事をとるというのはかなり難しいと思いますから、こういう一種のパブリシティも重要です。

山田　その点からすると、ＩＣ協会が今後、本当に社会的に認知されて、「あそこが認定している人であれば大丈夫だ」という形になっていくことが必要ですよね。

秋山　その通りだと思います。実際、最近はいろいろな企業の方から「こんな人いませんか?」という問い合わせを受けるようになってきました。IC協会に聞けばそれなりに優秀な人がいるということで、ICという働き方も含め、ようやく少しずつ認知され始めたような気がします。

山田　ここで考えると、やはり「コースの定理」を思い浮かべるわけですね。取引コストと交渉コストということですが、ともかく市場で人をとってくるときのコストを下げるようなことができてくれれば、よりICの仕事は増えてくるでしょう。そういう意味では、昔と違って、ICとはどういう存在でどういう人がいるのかといった情報が、インターネットなどで速く豊富に入手できるようになることでコストは下がってきましたから、ようやく日本でも環境は整ってきたと言えるかもしれませんよね。

◇実績が次の機会を招く

僕の実体験をお話ししますと、これまで述べてきたような苦労をしてある会社に取引の口座を開きました。そして、結果として会社のほうも、僕を使ってよかったと思ってくれたのでしょう。それからその会社は、僕のようなICをどんどん使うようになってきました。要するに「こういう人の使い方があるんだ」「外部にも人材はいるのだ」ということに気づいてくれたわけですね。一方で、これまでのように社内だけで対応しようとすると、大会社だと、人を異動させるだけでもたいへんなわけです。プロジェクトの数や時間的な要請に、社内ではぜんぜん追いついていけない。

これは会社の規模とは関係ないかもしれませんが、最初に受注したＩＣがきちんと仕事をこなすことができれば、次にその会社に入っていくハードルはかなり低くなります。取引コストのなかの、社内交渉のコストは大きく下がるわけですね。先ほどのお話にありましたように、誰かがある程度そのＩＣの資質について保証してあげることができれば、もっと仕事がしやすくなるでしょう。交渉のコストのほうも、前に誰某さんとこうやったという実績ができることで、同様に下がってくることになります。こうして、会社側のＩＣ活用のニーズも、実際の利用もどんどん大きくなっていくと思うのです。

もちろん、その逆もあるでしょう。ひどい人と契約してしまって、「もう二度と使わない」と思われてしまうケースです。そうなると、本人は当然として、優秀なＩＣにも多大な迷惑がかかることになります。

ですから、いま既にＩＣとして活躍されている皆さんには、「あなたはパイオニアなのですからがんばってくださいね」と言っています。

×　×　×　×　×

山田　これからＩＣが増えてくると、そのクオリティの維持というのが課題になってきますよね。

秋山　僕としては、ＩＣの皆さんに最低限のコンプライアンス的なところはきちんと守ってもらわなければいけないと思っています。ですから、ＩＣ協会では、インディペンデント・コントラクター憲章、ビジネスガイドラインというのをきちんとつくって守ってもらうようにしていこうと考えていますし、ＩＣの資格についてもいろいろ考えていこうと思っています。

ここで、一つ言えることは、個々のＩＣにどのような資質があって、クオリティがどうで、といったことを第三者が評価して、会社側の要望に合う人を有料で推薦するというようなビジネスは生まれる可能性があるかもしれません。会社側から「こういう人がほしい」という照会があっても、協会としては会員の皆さんにそれを告知するだけです。特定の人を推薦するようなことはできません。そうなると、会社が自分で要求に合う人を見つけ出すためのコストがかかりますから、その代わりに有料で適切な人を紹介しますよというサービス、それはやりたい人がいれば自由にやっていただいていいと思っています。協会と営利事業はきちんと棲み分けをするということですね。

山田　協会としてやるべきは、ＩＣの全体としての地位向上やＰＲであり、一方で、協会員には最低限のマナーを守らせるということですよね。

秋山　そうです。それができない人には厳しく接していこうと思っています。

4　どうやってお客を獲得するのか

◇発注者になり得る人とのコンタクト

当然のことですが、自分はＩＣだと宣言するだけでは、自動的に相手から仕事が舞い込んでくることはありません。では、どうやって仕事を、お客さんを獲得するのでしょうか。まず、発注者になり得る人とのコンタクトがどれだけとれているか、が非常に大きいと思います。

僕の場合でも、小・中・高校、さらには大学時代の同級生のなかで、それなりに偉くなってきたり、第一線で活躍する人が出てきました。そういう関係から仕事がきたことはまだありませんが、常に機会があるごとに、彼らと「最近はどう?」といった感じで話をしておいたり、向こうが求めてくる情報を提供してあげたりしています。こうした日頃の関係は非常に重要で、どこで仕事に結びつくかわからないものなのです。

それからリクルートという会社にいた時代の先輩、同僚、後輩というのも非常に大きいです。同時に、リクルート時代に知り合ったお客さん、一年間行った早稲田大学ビジネススクール時代の仲間、セガやパソナの時代の友人、外資系の会社の時代に知り合った人々、出版関係の知り合い、そしてIC仲間……ともかく、どれくらい、いろいろな世界で活躍しているキーマンを知っているか、その人たちとどれくらいコンタクトをとれているか、というのが最初の前提として欠かせません。僕はだいぶ恵まれていると思いますが、まさに人脈、ネットワークです。

当然、キーマンというのはそれぞれに人脈を持っているものです。同じ業界であろうがそうでなかろうが、同じようなキーマンたちとつながっていることは多い。ですから、一人のキーマンとつながることで、ネットワークがさらに広がっていくというのはあります。自分の実際の経験では、優れた人が発注者になるプロジェクトであれば、一つの案件に関して、本当に選りすぐりのメンバーを集めてきます。たとえば、五社の共同プロジェクトだったりすると、それぞれの会社のエースが出てくるわけですね。そこで一緒に仕事ができて、自分を評価してもらえれば、今度はその人が自分の会社の別のプロジェクトのときに僕にも声をかけてくれるようになります。そうやって、よい人脈を形成できてしまうというのがあるのです。よく言われるような異業種交流会にはほとんど出席したことはありませんが、そういうところに出なくてもいい人脈はできるように思います。

◇ICになる前に複数の会社で仕事をしてみよう

これはいろんな方を見てきた感想でしかないのですが、ICになろうと思ったら、その前に複数の会社に勤める経験、二回くらいは転職されたほうがよいと思います。そうすることで、一つの会社にいたのではできない人間関係をつくっていくことができるからです。場合によっては、転職先の人が別な会社に転職したりもしますから、そうやって人脈が広がっていきますでしょう。

大事なことは、いかに四方八方に「蜘蛛の巣」のように人間関係を持つことができるかなのです。そうすることで、発注してもらえる可能性がどんどん高まっていくのです。

これは別の側面からも重要です。

考え方によっては、一社しか経験していなくても、その間に、意識的に人脈を広げていくことはできるという言い方もあるのですが、僕はそうは思っていないのです。たとえば、日本総合研究所に山田さんがいます。山田さんは、専門の労働だけでなく、エコノミストとしていろいろなところから意見を求められます。それをもって、山田さんが「いま独立しても、二十社くらいは仕事がありそうだな」と思っても、そう単純ではないということなのです。というのも、その相手の人たちが、果たして「山田さん」についているのか、それとも「日本総研の山田さん」についているのか、という問題があるのですね。

山田さんについているというのであれば、それは思惑どおりに仕事をもらえる可能性はありますが、そうでなかったときには悲惨でしょう。日本総研というのが外れた瞬間に、「どちらの山田さん？」になってしまう。この点、一度でも転職すると、相手が自分についてきているのか、自分の会社やポジションについてきているのかがある程度わかってくるのですね。もう一回くらい転職する機会があれば、本当に自分という人間についているのが誰かがはっきりしてくるのです。

僕自身、リクルートで企画課長という立場にいて、当時、頻繁に僕のところに来ていた人で、別の部署に異動した瞬間にピタッと連絡してこなくなった人が一人だけいました。いま、こういう立場になってあらためて、「ああ、そんなもんだよな」って思いますが、当時は企画課長というよりも、個人としての自分に自信がありましたから、ちょっとしたショックでした。彼にとっての秋山進氏は、リクルートという会社の企画課長ということにすぎなかったのですね。

仮にいま、山田さんが日本総研をやめて、あまり有名でない研究所に移籍したとします。それで、僕が新聞記者で山田さんのコメントをとろうとしたら、それまでは日本総研の山田久氏としていたのを、わざわざ、労働問題に詳しいエコノミストで著書に『大失業』『賃金デフレ』のある山田久氏というふうに書かないと信用が保てないと思うのです。しかも、割り当てられた字数が少なければ、日本総研の他のエコノミストにコメントを頼むかもしれません。それくらい、会社なのか個人なのかという問題は大きいのです。

◇自分をどのように印象付けているか

さて、これも重要なことなのですが、その人たちが自分についてどのような印象を持っているのか、どのように認識されているかということです。

「彼はこういうことをやらせたらすごいよな！」というふうに思われていないと、結局は声をかけてもらえません。言わば、「十羽一からげ」の世界に入っていたのではダメということで、これは一種の「ブランド論」です。

ちなみに僕の場合は、「偉い人の補佐役」、もっとよい表現をすれば「ブレーン」というイメージが強いようです。次に、企画マン・商品開発マンという認識でいてくれる場合、新しいプロジェクトを立ち上げようというときには「秋山を入れておこう」と考えてもらえるケースも多いと思います。

そのほか、僕の場合は外資系企業で仕事をしていたことがありますし、かつて通産省（当時）といっしょに日本に進出してくる外資系企業の支援プロジェクトをやったこともあるためか、外資系のからみの案件についていいイメージで捉えてくださっている場合も多いようです。それから、弁護士の中島茂先生との共著を出させていただいたことで、「コンプライアンス」関係で印象を持っていただいてもいるようです。特に弁護士の方と会うと、よく本の話になります。もちろん、これについては、僕は法律の専門家ではないのですが。

僕の場合は、これまでにいろいろなことをやってきましたから、それ以外にも、セガ時代のイメージでエンターテインメント系の仕事、パソナの経歴から人材ビジネス、さらに広報といったことが得意な人間ということでインプットされているケースも多いようです。

最近は、インディペンデント・コントラクターの「親玉」として食っているのではないかとからかわれることもあります。しかし、この関係でお金をいただいたことは、少なくともまだありません。

ＩＣが拓く新しい展望

前にセプテーニという会社のお話をしましたが、本当に優秀な人をＩＣにしていくというのは、日本のこれまでの雇用慣行を大きく変える可能性があると思います。

というのは、これまで日本企業の人事は、言ってみれば「みなが幹部候補ですよ」「経営者になれますよ」ということで運営されてきました。実際に経営者にはなれなくても、なんらかのポストを用意してあげることはできたわけです。ところが、これからはもう、そんなポストなんてありません。

一方で、それとは違う処遇の仕方として専門職というのがありましたが、この制度はうまく機能してきませんでしたよね。「やっぱり、管理職になれなかった人が専門職になるのよね」というイメージでしたでしょう。ところが、ＩＣという存在が登場してくると、今度はその専門職について、「あなたはがんばればＩＣになれますよ」というような形での処遇の仕方が考えられるようになったわけです。そこで展望が開ければ、行き詰まった人事制度、硬直化した企業に、新しいブレークスルーが生まれる可能性があると思うのです。やはり会社のなかには、職人的にやっていきたいと考える人もいるわけですから、そういう人たちにとってプラスになるような新しい制度を拓く可能性があるのです。

この点、もう一つ言うと、職人系の人にとっては、一つの会社の中だけで一つの仕事をきわめていくよりも、複数の会社で仕事をしていくほうが、はるかにスキルは高くなります。そういう意味から、自分のスキルをアップしてそのバリューが高まることに幸せを感じる職人タイプの人にとっては、非常にいい形だと思うのです。

そうなれば、結果的に高度なスキルを持つＩＣを活用する企業も増えてくることになるという好循環が生まれてくるという期待があります。もちろん、会社組織を運営していくためには、職人的ではない管理的な人も必要ですし、会社の中でトップになっていく人が当然欠かせません。これからは、そういういろいろな価値観を持つ人の、ある意味での役割分担が可能になっていくのではないでしょうか。

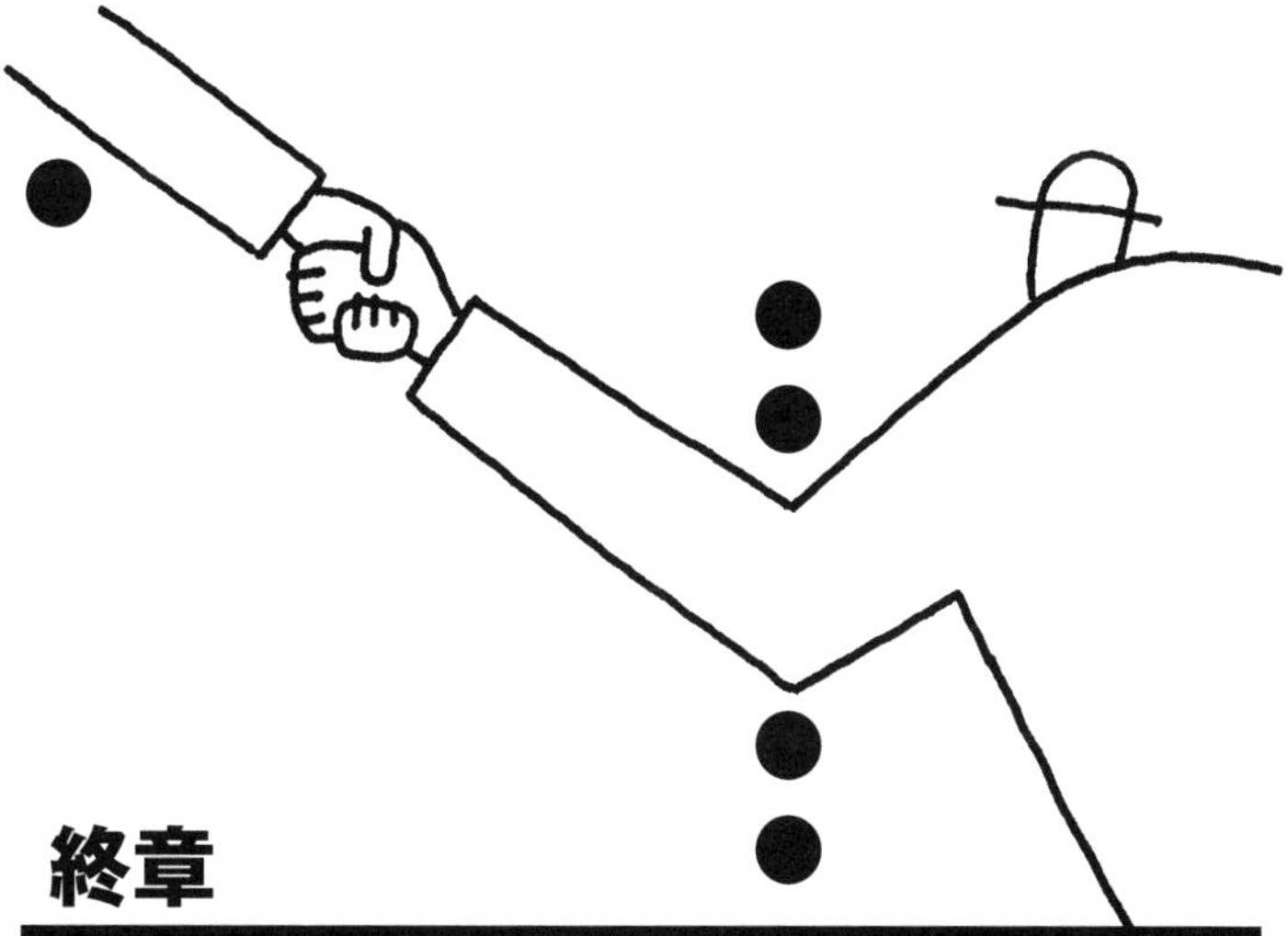

終章

インディペンデント・コントラクターが社会を変える

1　個人にとってのインディペンデント・コントラクター

◇自分で意識的に行う自己投資

山田　さて、個人にとってインディペンデント・コントラクターというのが意味を持ち始めてきている背景には何があるのでしょうか。もちろん、ＩＣというのは選択の一つで、必ずしもそれでなければだめだということではありません。

というのも、ここにはやはり個人と会社の関係の変化というのが当然あるわけですね。先ほどの話にも出てきましたが、キャリアのつくり方が変わってきてしまっている。戦後の日本の会社は伝統的に、いわゆるホワイトカラーで採った人は最終的には経営者になるという期待を抱かせながらやってきました。これ実は、高い成長があって人口もどんどん増えていくことが前提ですよね。ですから、既に一九八〇年代から「窓際族」というような問題が出ていました。当時、専門職という、実際はラインから外れた人を形式上処遇するような制度をつくってきたり、そういうことを繰り返しながらこれまで来たわけです。ただ、一方で、日本の人事処遇制度というのがポストと賃金を分けてきたという経緯があったおかげで、実態上はそんなに大したポストに就いていなくても給料が上がるから我慢できたわけです。あるいは、企業がある程度成長できて余裕もあったので、子会社をつくって、そこにポストを用意することもしてきました。そういうことで、何とかモラールの低下が問題にならないように抑えてきたというところがあったわけです。

ところが、本当に少子高齢化が進み、低成長化とともに海外との競争が激化するなかでは、人件費を削らざるを得なくなった。まさに、そういう背景で成果主義というものが出てきたわけです。ポストや貢献度と賃金を分離するのではなく、一致させるのですね。そうすると、どうやってラインから外れた多くの人を処遇するかという問題が、本当の意味で大きくなってくるわけです。

一つのやり方が、本当の意味での専門職、ホワイトカラーの職人としてやっていくということなのです。いま、お話ししたように、従来は形式上のものでしかありませんでしたが、これが一つのモチベートのやり方なのです。

そういう意味で考えていくと、まさにインディペンデント・コントラクターというところにぶち当たるわけです。ある特定の職種とか業務で専門性を高めて、それによって仕事をする。しかも、自分で意識的に能力開発、自己投資をしながらやっていけば、自分で定年を決めるような働き方もできるわけですから、まさにこの時代が必要としている一つのあり方ではないかということですね。実際、一部の企業にはそういう形でこの制度を使おうというような機運も出てきており、今後それが増えていく可能性は十分あると思います。

また、企業と個人との関係以外に、個人側でもいろいろな形で変化が起こっています。価値観そのものが多様化して、意識レベルで変化しています。あるいは家族のあり方ということを考えてみたときに、女性の社会進出もどんどん進んでいっているわけです。共働きで子どもができれば、夫婦で家事も分担していかざるを得なくなる。そして、仕事と育児・介護との相剋など人生の時間配分をギリギリの線でマネージする必要が出てくるとき、インディペンデント・コントラクターのような働き方であれば対応することも可能になってきます。そういうことで、時代の変化に伴う要請に合った一つの働き方の選択としては非常に魅力的なものと言えると思うのです。

× × × × ×

山田　要するに、個人にとっても、ホワイトカラーが結果として二極化していくということがあります。これまでの終身雇用のもとでみな役員になるという期待を持たせて、結果的にならなくても部付部長くらいにはなれて、しかも給料は保証されたという世界はもうあり得ず、結果的にせいぜい課長止まりとかという人が増えてくるわけです。そういうなかで、役員になれない人のモチベーションをどうつくるか。会社組織をうまくワークさせせるということを一義的に考えるには、これまで通りの経営幹部候補生と、仕事そのものに生きがいを見出すべき人に分けないとうまくいかないのではないかと思います。

秋山　その表現には大きな抵抗を感じます。役員になれない社員の目指すべき道がプロ社員で、ＩＣは真のプロ社員をつくりだすためのツールとして有用ということですよね。そうではなくて、マネジメントしたい人と職人でありたい人はそもそも人種が違うという感じなのですが。

山田　だから分けしまおうというわけです。

秋山　というより、職人志向の人たちにとっては、そもそもプロ社員のほうが格好いいし、なってみたい。

山田　でも、これまでの日本は違ったでしょう。

秋山　そもそも人種が違うのに同じルールの上でやらせていた仕組みのほうが間違っていると思いませんか。先日、新聞を見て驚きました。東芝が技術系専門職のトップを執行役上席常務待遇にしたというのですが、僕は信じられませんでした。そもそも東芝は技術でもっている会社なのに、いままではそのトップが常務にもなっていなかったのかって。それでは優秀な人が辞めても仕方ないですよね。

山田　ただ、これまではそうだったのですよ。それで、その処遇という名目で一生懸命「専門職制度」をつくった。もともとはそういうイメージだったと思うのですよ。でも、いつまでもそうはいかないということですね。

秋山　そういう現実が、東芝の話でわかったような気がします。

山田　たとえば日経連の雇用ポートフォリオも、昔からの終身雇用制度の限界からプロ社員の存在を考えているわけです。絶えずそういう話は出てきているなかで、東芝がニュースになるくらい、実態としてはきっちり処遇してこなかったということでしょう。日本は、もともとプロフェッショナルということを評価していないのでしょうか。

秋山　どうでしょう。プロがいなかったというのもあるし、必要なかったというのもありますよね。だって、ある意味でプロの集団であるはずの出版社や新聞社ですら、いい記事を書けば出世するという仕組みでは必ずしもないようですから。まあ、記者さんが出世したいと思っているかは別の問題としてあるかもしれませんが、ある一定レベル以上であれば、出世については何も関係ないらしい。あとはそのとき上司にだれがいたかで決まるという。

山田　それは、どこにでもありますよね。

秋山　結局、プロ社員をつくる必要がなければ、それでも仕方ないと言うことですよね。

山田　そこは、最初の企業組織と連動してくる話です。イメージとして、日本をプロ化のほうに持って行かざるを得ないのではないかという前提はあるでしょう。そうしていかないと、結局、企業の業績は低迷するし、われわれの生活水準も平均的にどんどん落ちますよということになる。そういう意味では、ICが一つの象徴的な存在としてクローズアップされてくるのです。

秋山　実際に、そういうふうにICを使おうと思う企業はすでにあります。

山田　意識も変わってくるでしょうね。

秋山　働く側も、専門職系、僕は「職人系」と言ってますが、そういう人にとっては新しい自分なりの生き方が見つかる期待はあるようですね。

山田　これは職能制度が好きな人に多いのですが、日本でもプロは育成できる。終身雇用と両立させながら社内のプロを育成すればいいと言う人がいます。ところが、社内でやったらそのヒエラルキーがあるわけで、結局はマネジメントのラインにいる人のほうが上になってしまいます。そこでプロの育成・評価ができるのか。

秋山　いいように使われてしまう可能性が高いと思います。結局、プロはプロにしか評価できませんからね。本人にしても、会社の中で「おれはプロだ」と言っていても、実際は他で試してみないと本当にどこまでプロかという自信は持てない。

山田　結局は、会社という枠を超えることはできない。

秋山　外に出てみて、ここでも通用する、あそこでも通用するというのがないと、自分としても自信は持てないでしょう。僕もリクルートを辞めたとき、「この会社ではいいかもしれないけど、よそではどうなのだろう」という気持ちはすごくありましたね。実際、外で他流試合をやってみると、最初は自分の力量だと思っていたものが、その七割くらいは会社の力量だったということを痛感したものです。

山田　前に秋山さんは、ＩＣになる前に転職をしてみたほうがいいと言われていましたが、そもそも企業を渡り歩くこと、それを横断的にできないと、プロとは言えないということですよ。

秋山　僕らのような職人系にとって企業そのものには大した意味はなくて、「場」のイメージなのです。その場が自分にとって能力が高まってうれしいとか、刺激があるとか、自分よりもすごい人がいるということのほうが大きくて、そういう意味で言ったら境界をあまり考えない「マージナルマン」というか、「腕一本で境界を漂流する」という感じなのですね。だから、漂流する境界が決められていて別のことができない社員というシステムは結構面倒くさいと感じてしまう。ただ、そこまで行くにはやはり力を蓄えないといけないから、最初はディペンデントな状態で、一つの会社向けにやって力をつける。

山田　それから一回か二回転職して、自分の力量や自分についてくる人というのを少しでも見極めて、それでＩＣとして独立するという。

秋山　それがベストでしょうね。

山田　しかし、年齢が高くなってくると、いい転職口はなかなかありません。

秋山　それはたしかに問題ですよね。とくに日本企業の場合、管理職というのは明確なグランドストラテジーのないなかでそのポジションに就かされるのでしょう。それを補うために、日本の管理職はもっと強烈に横の関係でつながって調整しながら仕事をしているわけです。一方、アメリカの場合はかなりの部分、自分の上だけを見ておけばいい。デザインルールがきっちりあって、上との関係性で何をやればいいかがはっきりしているので、モジュール的にはめ込みやすい。もともと組織もモジュール化されていますよね。ところが日本の場合、ほとんど人間関係に基づいてミドルが動かしているというのが実情ですから、そこに他所から入ってくるというのはかなり難しいと思います。

◇価値をつくる仕組みの中では社員もＩＣも同じ

山田　話を戻しますと、これまではみんなそういう中に入っていればよかったわけです。何とか同期で四十か五十歳代半ばぐらいまでいって、みんなワイワイやってきた。そういう状態であればよかったのです。最後は、役員になれるなれないという差はあっても。ところが、これからはその差が実際にはっきりしてしまうなかで、三十歳ぐらいで「プロ職」とか言いながら実態的には何もさせてくれない状態におかれてしまう。そうして二十年も三十年もくさってるのかという話ですよね。しかも、明確に賃金も差がつく。それなら、ＩＣとして外に出ていくという状況をつくるほうが、厳しいかもしれないけど幸福でしょう。

秋山　本来、企業（エンタープライズ）とはそうあるものだと思います。極端な言い方かもしれませんが、最終的に顧客に提供する価値をつくり出し利潤を上げることが企業の目的であれば、その価値をつくり出すための仕組みのなかで、社員もＩＣも同じところにいるというだけの話なのです。社員でもＩＣでも、それぞれ仕事領域のプロで、企業はしょせんその組み合わせを構築する場所にすぎない。そして「あなたの仕事は組み合わせの価値をつくり出す構造の中のどこにはまりますか」というくらいの程度の違いにしかすぎないように思っているのですが。ところが多くの方は会社（カンパニー）だと考えている。つまり、仲間の集まりの部分に注目しているわけです。その場合には、誰が中の人で誰が外の人かが重要なこととなります。もちろん、社員が中心で、それに準ずるところに契約社員やアルバイトがいて、その外にＩＣということになるのだと思います。

山田　この点は次にお話しますが、結局、本当にエンタープライズを徹底していくという話になってきますよね。まだいまでも「社員」ということに意味があるのかと、秋山さんが違和感を持つのはわかるのですが、私の立場は社員ですから、やはりそちらを基準に考えてしまうのです。

秋山　僕らは一度ＩＣになると、企業の価値創出行動の中のあるパーツをやり続けるわけで、これが社員とどう違うのか？　たいして変わらないのではないかと思っているのです。

週に何日いるかという程度の違いでしかないのではないかと。いま契約しているある会社では、四半期の目標を達成したから社員に金一封を配ったのですが、週に一回しかいない僕にもくれました。「皆さんよく頑張ってくれました」って、金一封をいただいたわけです。その会社は社員と外部の人をあまり区別していないのです。僕にとっては、そっちのほうが普通なのです。マネジメントレベルからしたら利益を出さなければいけない、将来のネタも仕込んでおかなければならない。そのために、契約社員やＩＣも含めて価値を提供してくれた全員に、「ありがとう」と言って金一封を渡す。すばらしいと思いませんか？　それともやはり〝社員〟という地位に特別な意味を持たせたほうがいいのでしょうか。

◇教える場としての企業は必要

山田　まあ、理屈では完全に「機能の集合体」ということは考えられるのですが、現実問題としておそらくそこには行かないのです。一つの理由は、コーポレートカルチャーのようなもの、もっと具体的に言うと、たとえば人材育成機能のようなものなのですよ。結局は、従来の延長線上でしか見ることができない。この点は第４章でも少しふれましたが、そのときに、たとえばＩＣの人は、誰が教育するのだろうと言う問題を考えてしまう。

秋山　仕事の場が教育の場なのですよ。何でもそうですが、ある一定レベルまでは教えてもらえても、そこからは自分でやっていくしかないでしょう。

山田　でも、その一定レベルに行くまで教える機能として、企業のような存在が必要でしょう。

秋山　そうすると、企業というのは教える場ですか。

山田　そういう場としての機能も持っているのではないですか。

秋山　それは企業ではなくて職場でしょう。仮に僕らが一緒にプロジェクトをやっていくとしたら、教えるためではなくて、自分の仕事を遂行するために、成果を出すためにやっているのです。成果を出すためにその人に機能してもらわなければ困るから教えているのであって、教えることが目的ではあり得ない。

山田　基本的にはそうかもしれません。しかし、たとえばＩＣの場合、期待された成果がなかったらすぐアウトでしょう。契約期間の途中でアウトかもしれない。ところが社員という形であれば、一定の期間は見てもらえるでしょう。なかには、三年目くらいからぐっと伸びる人もいるわけですよ。

秋山　ロングタームで見てくれるということですね。でも、そこはＩＣであれば報酬を大きく下げて下働きをすればいいのです。プロスポーツや芸能やデザイン事務所と同じように。日本企業は機能していない人に払いすぎていると思っていますから。

山田　それは一つありますね。ただ、ＩＣの教育の場として、実態的な企業がないとだめでしょう。バーチャル・コーポレーションだけでは、それはできないと思うのです。

秋山　それはそうですね。いまの現実に沿って言うと、企業にいたほうが教育はされると思います。だからＩＣになりたいと言って相談にこられる方にも、あまり若い人には独立しないように言っています。ただ一方で、いままでのような話だと、企業に勤める会社員の存在意義があまりに脆弱すぎるような気もしてきますね。

山田　もちろん十年経ってもそんな状態だったらだめなわけです。おおよそ三十歳代後半になれば、完全に機能的になれなければいけないと思いますが、最初はある程度、企業の中で猶予期間をつくってあげたほうが、社会全体としてもうまくいくと思うのです。

秋山　日本の会社が人の集団でいるのは、コースの定理で説明した「横のコスト」、つまりコミュニケーションコストが非常に少ない、毎回の取引コストが少ないからですよね。集団として存在しているから価値があるということ。そうなると、このなかでプロフェッショナルの方向を目指していくのは無理なのでしょうか。

山田　無理だと思います。

秋山　そこでＩＣを目指せというのはたいへんですね。

山田　ただ、いまの状況はそれが維持できなくなって壊れ始めている。

秋山　そうなると、一気にアメリカルールに変えるという選択があるのですが、根本的に会社のつくり方が違うので、その中間点と言うことになるかもしれません。しかし、それは最悪のケースですよね。組織をつくるうえでのグランドストラテジーがないからデザインルールも決まらない。そうなるとモジュール化もできない。

山田　会社組織をモジュール化する部分とすり合わせ的にやる部分とに分ける方法もあるのではないですか。そして、少しずつモジュール化の部分を増やしていく。いろいろなコストが下がってきているから、モジュール化の部分は増えていくと思うのです。そうして一方で、中のものはやはりコミュニケーションコストを下げてやったほうが……

秋山　いいですよね。となると、最初アマチュアとして会社に入って勉強して、何かスキルを高く仕上げていくなかで、「自分はこのほうで独立する」と思ったら、そこにずっといてはだめ。どこかほかの会社へ行って、そこでもう一度仕事を学んで、バリエーションを身につけながら、最後は自分のスキルでICになっていきなさいということになりますね。上まで上がる間にスピンアウトしてという感じです。

山田　アメリカの、特に東側の会社の組織というのはそういうところが多いでしょう。内部昇進で、早いうちにファーストトラックで選抜される人たちは、どんどん異動していく。

秋山　社長にするには単機能・一本のルートだけでずっと上がっていくというのはまずい。会社全体のことがわからないですからね。

山田　でも基本的にはそういうモザイク型の組織にするしかないと思うのですが、難しいですかね。その時心配なのは、コミュニケーションコストが上がって、これまでの日本の強みがだめになってしまうかもしれないということ。

秋山　アメリカ型の組織にするには、いざというときには事業部長の言うことを聞かない部長はクビになるくらい強い権力を上に与える必要がありますが、日本はできないでしょう。「ちょっと査定を悪くするぞ」くらいのもので、しかもその人がもう一段上のお気に入りだったら、それすらできませんよ。

山田　結局、中途半端なだけですね。

秋山　成果主義という話しもありますが、部門間の相互依存がものすごく重要で、自分の仕事の成果は自分だけでは完結できないようなものに対して成果主義でやれというのは、運・不運がありすぎてかわいそうですよ。

　結局、アウトソースするところとインソースでやるところとに分ける。アウトソースのところはモジュールにして、ふだんは内部とは接続することなしに、プロジェクトマネジャーのある一点だけで接するようなデザインルールだけ決めておいて「出島」をつくりましょうということになるのだと思います。

　そういう意味でいけば、いままでどおり技術部長が営業部長になることは有り。それによって長期的関係における内部のコミュニケーションは非常にいい。一方で、デザインとか採用の一次面接終了ぐらいまで「出島」でできるようなことはそこに任せればいいというスタイルですね。

山田　インソースでも、企業の経営戦略を策定・決定するといった「経営職的部分」と、それ以外の「専門職的部分」に分け、後者については、ICになる必要はないものの、IC的な能力があって、場合によったら転職しますというふうに……。

◇理屈ではうまくいかない現実

秋山　しかし、その部分が本当に生産性が高くないと、使いたくないですよね。

山田　それなら専門業務部分を、小さい組織として独立させちゃうわけです。

秋山　それではは結局同じでしょう。それではただの関連会社施策にすぎないわけですよ。アウトソースするというのは、いちばん生産性の高いのを使うということなのです。一応外に出してみるけど、必ずそこを使わせるというのでは、生産性の向上にはつながりませんよね。

山田　しかし、いまの状態では専門職というのは結局「窓際」で、そうであっても最終的にその道でやっていくしかない。やり方を工夫すれば一生懸命やるのではないですか。

秋山　そうかもしれません。でも現実に別会社化しただけではなかなか成功しないのです。世の中ではシビアな競争が行われているわけで、大企業のある一部で、その会社向けにそこそこやっていましたというぐらいの力量で、外に出て勝てる会社なんかほとんどありませんよ。
山田　それは、四十歳代半ばとか後半になった人を、どうしようもなくなって出すからという側面もあるのではないですか。
秋山　一社の仕事しかしていないような会社はマーケットで戦っていませんから、やはりたいして使いものにはならない。
山田　それはそうですね。だったらもっと若いうちから戦うと。
秋山　要するに、部門というセットで、別会社に出されるまで待っていたらだめなのです。自分で独立してやれるくらいになっておかないと。僕が言いたいのは、内部の部門を外に出すというのは一つのやり方としてはそれでいいのです。問題は、本当にプロフェッショナルでずっとやってきたところに対して勝てるのかということなのです。そこの会社が、たとえば経理業務について人を鍛えていて、能力の高い人たちの集団になっていて、安く、生産性高くやれる人たちに勝てるのであればという条件付きなのです。
山田　それは、競争にさらされていないと難しいでしょうね。能力開発についての話に戻せば、アメリカには人事のアウトソーシング会社があって、そこ自体が人材育成もやっているケースはあります。あるいはエクソン・モービルのように、そこの人事に対する評価が高く、外で使える人が多いという評価を得ている会社もあります。そういう人事の供給源とか経理人材の供給源になっていますという会社ができて、そこで人材を育成するという方法はあるでしょう。

正社員って何？

秋山　ある雑誌で正社員の特集をしたときに、アメリカ人に正社員というのをどう説明するか、英語に訳すのがすごい大変だったという話を聞いたことがあります。フルタイムワーカーとパートタイムワーカーの違いという感じでもない。どう訳したらいいか困ったと書いてありました。一般に正社員と言うとき、どんなイメージなのでしょうか。

山田　生え抜きというようなイメージも入ってますね。「秋山家」ではないですけど、「××企業家」の一員ですよ。そんなイメージだと思います。

秋山　よそから入ってきた人は、いつまでたっても外様ですものね。

山田　そうそう。そんなのは日本くらいでしょう。

秋山　特殊ですよね。

山田　かなり日本的でしょう。ヨーロッパも結構流動化していますから。ドイツでも職種の中では流動化していますしね。

秋山　それだけに、企業内特殊技能、特殊能力の割合も、すごく高いでしょう。そこで転職してよそに行ったら、大きなマイナスの状態からのスタートになるからきついですよね。ハードルは非常に高い。

◇ＩＣだから前向きに

秋山　実際にＩＣには、いろいろな方がいます。既に何回も例に出していますが、週三日を越えて働きたくない、普通の会社員にはなりたくないという方。研修のトレーナーの仕事をしているのですが、本当に週三日を越えては働きません。好きな芝居を見る時間を捻出するために、ＩＣとして自分で時間をコントロールするようにしたいという有名な人事コンサルタントもいます。家族とのつき合いとか、地域のコミュニティのこととか、仕事以外のところを充実させるためにＩＣを選ぶというのが一つ目のパターンです。

二つ目は、職人としてレベルを高めていきたいタイプで、おそらくこちらのほうが多いと思います。一生懸命やっていたらほかからも声がかかるようになり、二社、三社と仕事を増やしていきながらレベルを高めていった。そうしたら、そのほうが収入もいいと。いま、たとえば四十歳で転職してもあまり大したことはないですけど、ＩＣになってクライアントを三社ぐらい持ったら、サラリーマン時代より収入が大きく上がるというのは当たり前の話なのです。そう考えると、仕事は極めたい、しかも報酬もよくなるわけですから、選ばない手はないということでしょう。

もう一つのパターンが、リストラされてとりあえずＩＣになったというもの。一社まるごとの仕事はとれず、パートタイムでという仕事をいくつか受けて、一応インディペンデント・コントラクターを名乗っている。こういうのも現実にはあると思います。

昔から、定年退職した後、嘱託の形でしばらく雇ってもらうというのはありましたよね。ＩＣ協会の会員にも、そういうところからスタートされた方がいらっしゃいます。定年を迎えるにあたり、「もとの会社からは嘱託でどうかと言われたのですが、たまたまＩＣ協会を知り、そういう生き方もあるのかと思って独立をした」と言うのです。嘱託として会社にしがみつくのではなく、それを機に自分で会社名をつくり、「会計お助け隊」というショルダーフレーズとロゴ入りの名刺をつくって、「私はこれから○○会社として、次の新たな起業をしてがんばっていくんだ」って。そう決断された途端に、顔つきがピカピカ輝き始めたのです。

そうなると、もといた会社は最初のクライアント候補です。それまで嘱託と言われ受け身だったものが完全に状況が変わります。もちろん力もある方なのですが、「じゃあ、何か話があったときには協会で仕事を紹介しましょうか」と言って、実際にその後紹介したのです。そうしたらすぐにクライアントが決まりました。おそらくあの方は、あの調子で、あの顔で、あの元気さで、次のクライアントも獲得すると思います。現実的にはいわゆる嘱託を呈示されたところから、これを「新たなスタートだ」と思い直して、実際にできた名刺を見せてくれたときのあの輝かしい姿。「ああ、僕らはいい仕事してるな」って、とても感動したのです。インディペンデント・コントラクター協会をつくってよかったなと。

山田　働きがいということで言うと、結局企業という器がだんだん小さくなってきて、特に年齢が四十歳を超えてきた人たちに対して、生きがいを与えるパワーが、一部を除けばどんどんなくなっているというのがあるのです。組織が硬直化しているとか。そうしたときに「じゃあ自分の仕事」「自分のこれまで築いてきた仕事の能力」でやっていこうと思えることはすばらしい。その一つの象徴的な働き方がＩＣだということでしょうね。

会社にいたら敗北感で僕はダメになっていたかも

ちょっと個人的なお話をさせていただくと、二〇〇四年六月に、リクルート時代の後輩が執行役員になったのです。そのとき、「ああ、辞めておいてよかったな」と思いました。というのも、もしまだ会社にいて、彼らのほうが先に執行役員になって自分がなっていなかったら、かなり気分が悪いだろうなと、はじめて思ったのです。ずっと出世競争とは縁遠いところで生きていますし、もともとそういう意識は少ないほうだと思うのですが。

ともかく、まだ会社にいたとしたら、運・不運の問題もあるし、人間関係の問題もあるので、自分は役員にはなっていなかった可能性も高いと思うのですね。そんななかで、後輩のほうが先に役員になられたら、絶対気分が悪かっただろうなと、はじめてリアリティを持って感じたのですね。組織というものにおける序列意識というものが、もう七年も前に辞めたにもかかわらず、まだ自分の心の中に残っていることにも気付いて、びっくりもしました。

しかもそういう状況になってから会社を辞めたのでは、おそらく屈折して、敗北感を背負わなければならない。これはたいへんなことですよね。もし五十五歳まで会社に引っ張られてこうなったら、どうにも耐えられないなと、本当にはじめてリアリティを持って思えたのです。

2　インディペンデント・コントラクターが日本の会社を変える

◇「カンパニー」から「エンタープライズ」へ

山田　企業から見たＩＣの意義は何でしょう。それを考える前提として、今後の環境変化等を見ますと、先ほど秋山さんも言われていたように、企業組織というのは「カンパニー的なもの」から「エンタープライズ的なもの」にならざるを得ないということがあります。いま、ここでは、カンパニーを従業員集団、エンタープライズを価値創造組織と訳して考えます。

具体的に言いますと、かつては個人というのがカンパニーの中にいて、仲間うちで何か一緒にものをつくったりサービスを提供していました。そこではたくさん儲けようということよりも、自分たちの生活を維持しましょうといった要素が強かったわけで、これが従業員主権とか言われるもののもとです。ところが、市場化が進んでくると価値をつくらないと生き残っていけないということになります。そのときに個人と組織の関係はどうなるかというと、個人は自分の持っている能力を企業に提供して、企業はそうした従業員個人の能力を結合して価値をつくる、そういう関係になっていく。これがエンタープライズと考えるのです。

　これを発展させて、一つの純粋な理念型として考えると、バーチャルコーポレーションのようなものがイメージできると思うのです。バーチャルコーポレーションの場合は、企業というのは「場」に近くなってきていて、その「場」に個人の能力を集めて、そこで方向づけをして価値をつくって、一つのプロセスが終わるとそれで解散してしまうみたいなものになってくると考えられます。結果として、企業というのはほとんど実態がなくて、本当にバーチャルになってしまう。

秋山　ここで結局また、コースの話になりますが、毎回解散していたらまた取引コストがかかる。だから勝手知ったる仲間でやったほうがいいところについては継続してやったらいい、となってカンパニーになるわけですよね。

　それと、社員なんかしょせんバランスシートにも載っていないわけで、株主のほうから見たら、価値さえつくり出してくれたらそれでいい。それを経営陣という人に委託しており、経営陣がそれらの価値を構築するためのパーツをいろいろ集めてきて組み合わせするときの違いでしかない。インディペンデント・コントラクターとか派遣とか、社員とか、しょせんその程度の違いしかないんだって、言い切るかどうかですよね。

山田　まさに、その話を次にします。

組織の分解は歴史の必然

山田　歴史的に考えると、いまの組織の分解というのは必然的に起こっているような気もします。あまり根拠はないのですが、雇われる人の割合が社会全体の一定以上になると、やはり維持できなくなる。そこにはおそらくモチベーションの問題があると思うのです。最後になっても結局はボスにはなれないということで、果たしてやる気が維持できるのかということです。それで耐えられる人もいるかもしれませんが、多くの人は無理でしょう。振り返って、戦後間もない頃は男性で働いている人の半分ぐらいは自営業です。生活はたいへんですが、やっぱりボスなのです。ところがどんどん自営でない人の比率が上がってきたら、組織も当然大きなピラミッドになってきて、ボスになれる可能性がどんどんなくなってきたわけですから、当然組織としてうまくいかなくなる。その結果、分解が始まっているという、そういう言い方もできるかもしれません。

秋山　別の見方では、生産設備を共有しないと大きなビジネスができなかったから、戦後はみんなそこに乗っからざるを得なかったというのがあると思うのです。しかし、ものの生産ではなくて知恵の生産が会社の中で第一に変わってきた。ただ、その段階でも、ほんの数年前までは直接顔を合わせないとコミュニケーションできなかったので、やはり会社に勤めていた。ところが、ＩＴが発達してブロードバンドになって、はじめてインディペンデント・コントラクターが存在できるような必要条件が出てきたということではないでしょうか。僕のような仕事ができるようになったのは、前にも言いましたが、アフター・ブロードバンドの時代だからなのです。もしインターネットがなかったら、会社という「場」でおつき合いしなければ仕事なんかできません。ところが、ネットによって自分で情報サーチもできるし、遠隔地からのコミュニケーションもできるようになった。こうしてはじめてできるようになったのです。
山田　いまの話は第2章とも関係していますよね。まさに「コースの定理」における取引コストの問題です。

◇価値創造から「人材」を考える

山田　前にお話した日経連の「雇用ポートフォリオ」に似ていますが、価値創造における機能、役割という観点から、企業に必要な従業員のあり方を考えてみます。
これまでの日本企業というのは最初に正社員ありきです。しかし、正社員だけではやっていけないから周辺に非正社員をつくっていった。そういう意味で、正社員のつくっている企業、集まりとしての企業、それと補助的に非正社員がいるという構図になっていたわけです。しかし、先ほどのエンタープライズの議論を純化していくと、本来価値を創造する過程における機能とか役割によって就業形態が多様な形で決まってくるという話になるでしょうということですよね。いわば従業員が正社員か否かという身分から、純粋に機能的な要素が強くなってきて、その機能に応じた最適な就労形態が決まってくるのですよという議論が出てくるわけです。

こうして企業というものを機能で考えていったときに、最終的に残るのは「コーポレートカルチャー」のようなものになるのではないでしょうか。つまり、こういうことを維持・創造していく役割を要請されているのが正社員、特に経営職的なコア社員ということになると思うのです。企業に基本的には長く勤めることが前提になるということで、正社員の形態が望ましいのではないのかなということですね。

◇価値創造の担い手は誰か？

次に、そういう企業文化のもとで、実際に価値の創造を担っていく人がいるわけです。かつてたとえば自動車で言えば、製造現場の労働者、開発する人、そういう人たちだと思うのですが、もう少し純粋に考えていくと、特定の機能に対する一種のプロフェッショナルだということです。これは、もちろん正社員であってもいいでしょうが、正社員でなくてもよくなってくる。価値創造の担い手ということを純粋に考えていくと、必ずしも正社員だけでなくてもいい。つまり、プロフェッショナル正社員とICなどのプロフェッショナル非正社員がいることになる。

それから、当然ですが、価値創造を補助する人たちも実際はいるわけです。いわゆるパートとかアルバイトとかで、定型的な労働をする人たちも必要ですから、こうして四つのタイプに分けられるのではないかなということですね。これは、ほかのところで示した通りですが、九五年の日経連の議論を機能の側面に即して再構成すると、こういう分類ができるのではないかということです。

さて、こう考えていったとき、ICという存在の意味合いをどう考えるのか。いまの日本企業はやはり「カンパニー意識」が強いと思います。そういうなかで雇用の多様化という議論が進む結果、どういうことが起こっているかというと、正社員が基本的に知識労働、高度な労働をして、それ以外はコストダウンのために非正社員、パート、アルバイト、あるいは派遣社員を使おうという形で進んでいる企業が比較的多いということですね。そうすると結局、正社員と非正社員の二重構造のようなものが起こってきて、正社員の割合が多いときはいいけれども、一定以上に非正社員が増えてくると、その非正社員のモチベーションをうまく活用できないと、価値をうまくつくり出せなくなってくるということです。

つまり、ポイントは正社員イコール高度な労働、それ以外の人たちは単純労働という、そういう分け方ではなく、非正社員でも当然、単純労働をする人と高度な労働、あるいは中間的な形態とかが実際にはあるわけで、そういう意味から非常に高度な労働をするＩＣという存在の意義は大きい。ＩＣは、かつての日本型のカンパニー意識で正社員か正社員じゃないかということの役割のあり方みたいなものを、根底から変えてしまうというインパクトを持っているということです。

秋山　はじめの章でも言いましたが、僕たちは「ＩＣは、労働ではない」と言い切っています。一人でやっているけど「ビジネス」なのです。もともと非正社員イコール単純労働、低価格労働というふうにカテゴライズされているわけで、それとは違うのですということです。

山田　ですから、知識労働になると違ってきますよね。いわゆる労働基準法が対象とするような労働者ではないわけです。知識を売っているのであって、そこから何かつくりだすという。格好よく言うとこういう意味合いがあるのではないのかなと思うのです。そういう意味では、カンパニー意識が比較的強い業種のほうがいいケースもありますが、相対的に見てあまりにこれまでは企業が価値をつくりだすということを必ずしもうまくやってはこられなかった。環境の変化を考えるとよりそっちの方向にシフトしていかざるを得なくなっている状況下で、ＩＣというのはそういうカンパニー的な意識を、エンタープライズの意識に変えていくという意味合いを持っているのではないか。逆に言うとＩＣを使っているところというのはそういう意識があるから使っているのではないかなと。

秋山　そのほうが得ですからね。短期的にはたくさん払うかもしれないけど、結果的には低コストで価値のあるものがつくれるのであれば、わざわざ社員にやらさなくてもいいと、非常に単純に考えるとＩＣを使うということになるのです。

山田　つまり、ＩＣを使えるかどうかによって、その企業のエンタープライズ度がわかるということですよね。

秋山　ただ、現状でいくと、ＩＣを使う際には、前にも言いましたようにプロジェクトマネジャーの方が社内的にかなりのリスクを負うのです。なぜわざわざそんなことをするのか説明しながら、会社の中でいろいろな調整が必要です。そういうエネルギーをかけてまで使うわけですから、少なくとも一回目はすごい取引コストがかかっている。にもかかわらず使ったほうが結果的に得と思えるぐらいのプロジェクトマネジャーでないと、現実はなかなか使えないものでしょう。

ただし、一回使ってみてうまく行くと、その途端に取引コストが大きく下がるのです。いろいろな意味で慣れてきますから。そうやって将来、時間が経ってくれれば、取引コストも下がるし結果的に得することも多いということで、ＩＣはたくさん出てくると思います。もちろん、能力次第ではありますが。

エピローグ　不幸せと幸せの境目を「働くこと」から考える

◇今日は幸せだったか

秋山　語弊があるかもしれませんが、何をやるかということを考えるとき、好き嫌いが大事というのは女性のほうが強い気がします。自分にとって好きなことをやるということのほうが、一般的な価値観の中でいいとされていることを実行することより重要なのですね。男性は勝ち負けとか善悪にかなりこだわりますが、女性はそれらはどっちでもいいという感じではないですか。負けるのは嫌いだけど勝ちたいわけでもない。

山田　言葉はよくないかもしれませんが、猫的なのですね。価値判断なしの意味で刹那的。投資した場合にリターンが早く戻ってくることを望んでいる。

秋山　そういうと僕なんか完全に猫です。一日ごとに決算しているのですから。毎日の決算で「今日が幸せだったかがその日ごとに決まる」という考え方をしています。その一日ごとに決算した幸せ感の総和こそが、人生が幸せか不幸せかを決める。

山田　その言い方でいくと、男性というのは犬的なのですね。その期間が長いわけです。極端に言えば、死ぬときに幸せだと思えたら幸せだったと。

秋山　以前に、三百六十五日のうち三百六十四日不幸せでつらい日々を送っても、最後の一日で達成できたら、それを幸せとしようよなんて言われていた人がいたのですが、僕はまったく違う価値観です。それでは三百六十四日ちっとも楽しくない。もちろん、誰だって結構不幸せな状況に置かれることはありますが、そのときにもいかにしてその不幸せな状況を自分でおもしろくするかに気をつかいながら、一日ごとに決算していくのです。それで、その総和によって、自分が幸せかどうかを決めるということです。

自分で見つけた幸せになる方法論というのがありまして、不幸せな状況に遭遇すると「取材モード」に変えるのです。実は、何かを取材してレポートにまとめる、そういう立場にたまたま入社して五年目くらいの早い時期になれたのですね。これは、僕の人生にとってものすごく重要なことだったのです。というのも、自分で不幸せになったことの原因を、そのときに自分に取材して調べることができる、それによって何がいちばん原因かがわかるわけです。つまり、不幸せな状況になると突然、取材モードに変わって、「これはなぜそうなっているのか」を突き止めるという技術を、早い段階で覚えたのですね。たとえば上司からいじめられれば、不快な気分がわっとわき上がってきて、不幸せな状況になりますよね。ところが、それを取材モードにしたら、ああ、あの上司はこんなことで文句を言ってるのかと、逆に「今日はいいネタを仕入れたな」と思えるようになるわけで、その瞬間から楽しめる気分になることに気がついたのです。

外資系企業の友人から、外国人上司というものがいかに自分のことしか考えてないか、それでいかに彼が苦労しているかという話を聞いたことがありますが、僕も外資にいた経験も交えて、それについて「取材モード」で考えると、結局、彼らは本国からそうしなければならない状況に追い込まれているわけです。彼らがそうなるのは、別に彼らが悪いわけではなくて、システムがそうだから仕方がないんだとわかってくる。そういうことを「取材」して、「こいつはなんでこんなにアホやねん」とか「実はアホなわけではないねんな」「こんなシステムだったらアホになるで」とか、メモに全部残していって合わせて考えてみると、それまで気づかなかった新しいことが見えてきて、結果的にただ不幸せだと思うのではなくて、かえって楽しくなってくるのですよ。そうやって、僕の場合は「取材モード」ということで、人生不幸せにいくのを防ぐことができるようになりましたね。

山田　取材モードという言葉は、なかなかいいですね。自分を検証するモード、失敗学自己検証モードではなくて、取材モードなわけですね。

秋山　完全に第三者になるのです。秋山さんはこんな感じで文句言われているけどなぜだろう？　って。秋山さんに取材してみようとか、秋山さんを取り巻く環境はどうなっているのだろうとか調べながら、絵にしてみるのです。そうすると、秋山さんの上司も怒りたくて怒ってるわけではなく、立場上、別の人から言わされてるのだなとか、こういう仕組みになってるのかとか、わかってくるのです。

◇「仕事」はそんなに大事なものなのか？

山田　不幸せから勝手に連想してしまったのですが、今年（二〇〇四年）の夏は特に暑くて、自分なんかもう普段はネクタイするのをやめてしまったのです。なんでこんなのせなあかんのか、って思うことありますよね。

秋山　ネクタイって、本当に不幸せの象徴みたいなものですよね。言ってみれば、これは「ワイヤレス首輪」ですから。ただ、ＩＣになっても、ネクタイはすることが多いのですよ。相手の企業に合わせますからね。今日も、先ほどまでしていたのをはずしてきたのです。この暑い日にちゃんとスーツ着ていたんですよ。

山田　ネクタイするだけで、体感温度が二、三度高くなりますでしょう。そんな状況まで自分を追い込んで仕事をしている日本のビジネス人というのは一体何なんだって。

秋山　ＩＣの僕が言うのも変な話ですが、仕事ってそんなに大事なものなのですかね。僕も必要ですから日経新聞はとっています。でも、そのこと自体がときどきいやになるのですね。世の中にはたくさんの古典があるわけです。それに限らず、英知が結集された本は日本にもたくさんあるのに、それを読まずに日経新聞を読んでる。日経新聞が悪いというわけではないのですが、それでいいのかなと思ってしまうのです。せっかく生きているのだから、もっと幸せなことはあるだろうと。

山田　気持ちはわかります。

秋山　たとえば、恥ずかしながら告白すると、僕はまだドストエフスキーの本は買ってはいるものの一冊も読んだことがありません。あるいは先日、サラ・ブライトマンの「アヴェマリア」というCDを買ったのですが、それを聞いててとても幸せな気分になりました。もちろん、サラ・ブライトマンだけでなく、いくらでもいいのがあるのですね。僕の大事な人生の時間を、日経新聞読むのとサラ・ブライトマン聞くのとどっちに費やすのかって。現実はほぼ、常に日経新聞が二十勝一敗ぐらいで勝つわけです。ああ、これは何か間違っているのではないかと、よく思うわけです。

もちろんビジネス人として考えれば、それでいいのでしょうが、もう少し冷静に考えてみたら、その前に自分は人間だろうと。それがこのままでは、日々の忙しさにかまけてしまって、ドストエフスキーもチエーホフも一生読まないまま人生終わってしまうのかと。

山田　だんだんロバート・ライシュのようになってきましたね。ロバート・ライシュは若い時、『ザ・ワーク・オブ・ネーションズ』で「シンボリック・アナリスト」の将来性を説いたわけでしょう。ある部分、ＩＣのような価値創造機能が純化したような人材タイプを礼賛しているわけです。

秋山　あの本は僕も何度も読みましたが、勇気づけられるすごくいい本でした。

山田　彼はその後、クリントン政権下で労働長官をやりました。しかし、あることをきっかけにこつ然と辞めるのです。四六時中、仕事に没頭する日々が続いた後、ある晩、家に「今日も遅くなる」って電話したら、子どもが出たので、「早く寝ろよ」って言ったら、「お父さん帰ってきたら絶対起こしてほしい」って言われた。そのときはたと、「自分は一体何をしてたんだ」と、「仕事はものすごいおもしろいけど、一体それで何を犠牲にしてきたんだ」と思ったというのですね。それで書いた本が『勝者の代償』というわけです。原題は『ザ・フューチャー・オブ・サクセス』。あれは、前作からの続きとして読むとおもしろい。考え方が変わってきているのです。

◇自分の価値は自分で決めよう

秋山　僕も結構変わってきています。ともかく、僕は「人生の価値」は自分で決めようよというスタンスなのです。市場ごときに自分の人生の価値を決められてたまるかという気持ち。それはＩＣという働き方につながってくるのですが、もう外部基準で勝ち組とか負け組とか言うのはやめようよということです。

山田　自分で決めればいいのですね。おれは負けてるなって思えば、負け犬らしく、それで楽しむ。

秋山　負け犬も楽しめますよね。ともかく、話を戻せば、自分の人生の幸せ感というのを毎日毎日どこか足し算して考えるということなのです。そして、それを幸せと感じるかどうかは、経済的な側面ではなく、自分の中の価値判断基準で判断しているわけです。まあ、こんな言い方をしていると、「あんたはそれなりにうまく行っているからでしょ」なんて批判もされてしまうから難しいところなのですが、会社の中で役員になるかならないか、それで幸せかどうかという世界はとにかくいやなのです。そもそも役員になれるかどうかなんて、運・不運が大きいでしょう。その人の能力や業績よりも、いいタイミングでいい上司に巡り会えたとか、たまたまいいポジションにつけたといったことが大きく関係している。そんなものに人生の重要な価値の基軸をおかなくてもいいと思うのですよ。そうではなくて、もう少し達成できるかどうかを自分でコントロールできるものにしたほうが、幸せになれると思うのですね。

山田　その通りかもしれませんが、それはよほど自分が強くないと無理でしょう。幸福感というのは結局、とくに日本の場合、他から認められることで、あるいは他と比較することで味わえるものなのです。自分の価値は自分で決めるって言うけど、人間、そんなに強い人は少ない。
秋山　たしかに、そこまでは無理ですかね。
山田　秋山さんは逆に、そういうのをつくることによってどんどん幸福感を増幅しているわけですよ。ＩＣ協会をつくることによって。
秋山　それはあるかもしれません。
山田　直接的にはＩＣ協会だけど、それによってまたいろいろ取り扱って、いろいろな人から認められる。それで幸福感がどんどん大きくなるわけです。

◇「組織がいや」ではＩＣにはなれない

秋山　ただ、僕はもともと幸福感を感じる能力は異常に高いのです。不幸なことは忘れますし、不幸なことを幸福に転換するという技術も身につけましたから。
山田　それはそうだと思います。人間というのはおもしろくて、幸福そうな人の周りに集まっていきますよね。やはり、なんか難しい顔して、暗い人のところに行くより、にこにこしている人のところに行くほうが何かいいことがあるのかなと思いますからね。それはいいですね。それに、人が集まってくるから幸福を感じられるのではないですか。要するに幸福感とは、他人に認められる部分なのだと思うのです。

秋山　たしかに、そう言われると自分の中だけで決めるというのはやはり無理で、他人から認められてというのはあるでしょうね。

山田　ポイントは個人とは何かっていうことでしょう。結局、他人があって個人が、自分がいるのです。だから他人に認識されてはじめて幸福感を感じるのです。

秋山　しかし、たとえば野球のイチロークラスになるとどうなのでしょうか。彼は彼なりに技術における価値基軸をはっきり持っているでしょう。結果的にアウトになろうが、それを達成したらすごく喜んでいたりする。他人からみたら「ああ、セカンドフライか」って言われても。

山田　それは、たしかに二種類あるのかもしれません。横にいる人に認められるという幸福感がまず絶対ないと人間はだめで、もう一つが、いまのような抽象的なもの。野球とかサッカーとか芸術とか、自分で価値の基軸やセンスがはっきりあって、どこまで到達できてるかで幸せを感じる。そういうものが混在しているのではないかと。

秋山　おそらく、山田さんの言われるように、一般人は隣の人に認められるということが絶対的な条件なのでしょうね。イチロー選手のようなレベルになると彼しかわからない世界で、それは常人の世界ではないのでしょう。山田さんの言われることはわかります。実は、僕は以前、自分が仕掛けているとは思われたくない状況で、あくまで黒子に徹しながらあるプロジェクトを進めたことがあるのです。それがうまく行った後で、本当はかなりの部分僕がやったのだけど、それはみんなにはわかってもらってなかったというような経験があります。

山田　そのときは幸せでしたか。

秋山　特定の一人か二人がわかってくれていればいいという感じだったのですが、その人もわかってなかったので、やはり寂しさを感じましたね。

山田　逆に、ＩＣというのは非常に個人として、独立的にやっていくということですよね。いろいろなしがらみを捨ててなれるからいいなっていうイメージがある。でも、実はそれはある部分逆なのではないですか。主体的にしがらみをつくっていかないと、結局、自分は何だという話になっていくのでは。

秋山　そういう意味でいくとやはり、組織から逃れていくという感じ、いわゆるフリーランスではないのです。

繰り返しになりますが、フリーダムとはもともとの意味は圧政という不幸せな状態からの解放ということ。インディペンデントというのは、そういう感じではなく、あくまでもディペンデントな（依存する）関係だったものがインディペンデントになって、一人前の存在として新しい関係を結び直すということになると思うのです。ですから、やはり主体的に働きかける能力がないとだめということになります。

そうすると、組織になじめないからＩＣになるということは成り立たなくなります。組織というものは大体、どこでも同じようなものなので、それがいやだと否定するのではなく、そういうところにうまく働きかけをして仕事をもらうという新たな関係を結ぶのがＩＣです。組織とうまくつき合ってハンドリングできる人こそが、ＩＣとして成功できるのだと思います。

秋山　進（あきやま・すすむ）
インディペンデント・コントラクター
1987年京都大学経済学部卒業後、リクルート入社。事業・商品開発、戦略策定などに従事。98年からインディペンデント・コントラクターとして、エンターテインメント・人材関連のトップ企業においてCEO補佐を、その後、日米合弁のIT関連企業の経営企画担当執行役員として経営戦略の立案と実施を行う。現在は、複数企業の経営企画、事業開発・マーケティング戦略の立案と実行、CEO補佐などを請け負う。NPOインディペンデント・コントラクター協会理事長(www.npo-ic.org)。
著書に『社長！それは「法律」問題です』（共著、日本経済新聞社）、『戦略プロフェッショナル・ベーシックスキル』（共著、日本能率協会マネジメントセンター）、『愛社精神ってなに？』（プレジデント社）などがある。

山田　久（やまだ・ひさし）
㈱日本総合研究所　調査部　経済研究センター所長
主任研究員（日本経済、雇用問題）
1987年京都大学経済学部卒業後、住友銀行入行。経済調査部、㈳日本経済研究センター出向を経て、93年、㈱日本総合研究所出向（調査部研究員）、現在に至る。2003年、法政大学大学院修士課程（経済学）修了。
著書に、『大失業　雇用崩壊の衝撃』（日本経済新聞社）、『Ｑ＆Ａどうなる「日本版４０１ｋ」』（共著、日本経済新聞社）、『賃金デフレ』（ちくま新書）がある。

インディペンデント・コントラクター

2004年９月24日　１版１刷

著　者　秋山進・山田久

発行者　小林　俊太

発行所　日本経済新聞社

東京都千代田区大手町1-9-5　〒100-8066
振替00130-7-555　電話（03）3270-0251

印刷　錦明印刷／製本　大口製本　　Printed in Japan

ISBN4-532-31162-4